民国青年教育丛书

梁任公语粹

许啸天　选辑

知识产权出版社

全国百佳图书出版单位

图书在版编目（CIP）数据

梁任公语粹/许啸天选辑. —北京：知识产权出版社，2018.1
ISBN 978 - 7 - 5130 - 5303 - 7

Ⅰ. ①梁… Ⅱ. ①许… Ⅲ. ①梁启超（1873 - 1929）—语录 Ⅳ. ①B259.11

中国版本图书馆 CIP 数据核字（2017）第 296636 号

责任编辑：文　茜　　　　　　　责任校对：王　岩
封面设计：张　冀　　　　　　　责任出版：刘译文

梁任公语粹

许啸天　选辑

出版发行：	知识产权出版社 有限责任公司	网　　址：	http：//www.ipph.cn
社　　址：	北京市海淀区气象路 50 号院	邮　　编：	100081
责编电话：	010 - 82000860 转 8342	责编邮箱：	wenqian@cnipr.com
发行电话：	010 - 82000860 转 8101/8102	发行传真：	010 - 82000893/82005070/82000270
印　　刷：	三河市国英印务有限公司	经　　销：	各大网上书店、新华书店及相关专业书店
开　　本：	720mm×960mm　1/16	印　　张：	15
版　　次：	2018 年 1 月第 1 版	印　　次：	2018 年 1 月第 1 次印刷
字　　数：	174 千字	定　　价：	58.00 元

ISBN 978 -7 -5130 -5303 -7

再版前言

民国时期是我国近现代历史上非常独特的一段历史时期，这段时期的一个重要特点是：一方面，旧的各种事物在逐渐崩塌，而新的各种事物正在悄然生长；另一方面，旧的各种事物还有其顽固的生命力，而新的各种事物在不断适应中国的土壤中艰难生长。简单地说，新旧杂陈，中西冲撞，名家云集，新秀辈出，这是当时的中国社会在思想、文化和学术等各方面的一个最为显著的特点。在这样的时代和社会背景下，对新式青年的培育成为当时思想界、文化界和教育界进步人士着重关注的一个焦点问题。引导青年人从中国传统的封建文化的弊病中解放出来，科学地审视和继承传统文化中的有益的成分，同时科学地借鉴和接受新鲜、进步的西方社会思想成为当时重要且普遍的社会现象和社会思潮。

本社此次选择了一些民国时期曾经出版过的、有关青年教育的图书，整理成为一套《民国青年教育丛书》出版，以飨读者。这套丛书涉及青年人的读书、工作和生活，部分图书侧重于理论上的引导，另有部分图书则侧重于以生活实例来宣扬符合时代和历史进步发展方向的人生观、价值观，引导青年人走上积极向上、努力进取的人生道路。这套丛书选择的图书大多以平实的语言蕴含丰富而深刻的人生哲理，读来令人回味无穷，既可供大众读者消闲阅读，也可供有专门兴趣的读者拓展阅读。这套丛书不仅对民国时期的青年读者具有积极的教育意义，其中的许多观点和道理，即使在当今社会也没有过时，仍具有重要的参考价值，因此也非常适合今天的大众读者阅读和参考。

　　本社此次对这套丛书的整理再版，基本保持了原书的民国风貌，只是将原来繁体竖排转化为简体横排的形式，对原书中存在的语言文字或知识性错误，以"编者注"的形式加以校订，以便于今天的读者阅读。希望各位读者在阅读本丛书之后，一方面能够对民国时期的思想文化有一个更加深刻的了解，另一方面也能够为自己的书橱增添一种用于了解各个学科知识的不可或缺的日常读物。

目录

一、哲　理

　　只要从生活中看出自己的生命，自然会与宇宙融合为一；《易传》说的"穷理尽性以至于命"，《中庸》说的"能尽其性，则能尽人物之性，可以与天地参"，就是这个道理。

——《学术演讲》❶，第一辑第二十五页，

《评胡适之〈中国哲学史大纲〉》

　　怎么才能看出自己的生命呢？这要引宋儒的话，说是"体验"得来。体验是要各人自己去做，那就很难以言语形容了。

——同上，第一辑第二十五页，

《评胡适之〈中国哲学史大纲〉》

　　认自然界是和自己生命为一体，绝对可赞美的，只要领略得自然界的妙味，也便领略得生命的妙味。

——同上，第一辑第二十五页，

《评胡适之〈中国哲学史大纲〉》

---

❶　此处"《学术演讲》"疑为"《梁任公学术讲演集》"，下不另注。——编者注

体验不是靠模索❶，要有行为（有活动），才有体验，因为儒家所认的宇宙，原是生生相续的动相，活动一旦休息，便不能"与天地相似"了。

——同上，第一辑第二十五页，
《评胡适之〈中国哲学史大纲〉》

对于这种动相，虽然常常观察他，却不是靠他来增加智识，因为智识的增加减少，和自己真生命没有多大关系的。

——同上，第一辑第二十六页，
《评胡适之〈中国哲学史大纲〉》

所好所安，就是各个人从感情发出来的信仰。各人所好所安，谁合理、谁不合理，那样有效率、那样没有效率，绝不是拿算学式的物理学的眼光所能判断。

——同上，第一辑第七十三页，《评非宗教同盟》

理性是一件事，情感又是一件事，理性只能叫人知道某件事该做某件事、该怎样做法，却不能叫人去做；能叫人去做事的，只有情感。

——同上，第一辑第七十五页

我所做的事常常失败，然而我总是一面失败一面做；因为我不但在成功里须感觉趣味，就在失败里头也感觉趣味。

——同上，第一辑第一四七页，
《趣味教育和教育趣味》

精神上的快乐，补得过物质上的消耗而有余。

——同上，第一辑第一四八页

趣味是活动的根源，趣味干竭，活动便跟着停止。

——同上，第一辑第一四八页

梁任公语粹

❶ "模索"，当为"摸索"。——编者注

趣味是生活的原动力，趣味丧掉，生活便成了无意义。

——同上，第一辑第一四九页

趣味的性质，是越引越深。想引得深，总要时间和精力比较的集中才可。

——同上，第一辑第一五二页

各人选择他趣味最浓的事项做职业，自然一切劳作，都是目的，不是手段，越劳作越发有趣。

——同上，第一辑第一五四页

欲望的本质不是怀❶的，但要给他一个度量分界，才不至以我个人过度的欲望侵害别人分内的欲望。

——同上，第二辑第四一页，《先秦政治思想》

生命即是活动，活动即是生命。活动停至❷，便是生命停止。

——同上，第一辑第一〇八页，《教育家的自家田地》

厌倦是人生第一件罪恶，也是人生第一件苦痛。

——同上，第二辑第一〇八页

厌倦是一种想脱离活动的心理现象。换一句话说，就是不愿意劳作。

——同上，第二辑第一〇八页

从劳作中得着快乐，这种快乐，别人要帮也帮不来，要抢也抢不去，我起他一个名叫做"自己田地"。

——同上，第二辑第一一〇页

快乐藏在职业的本身，不必等到做完职业之后找别的事消遣才有快乐。

——同上，第二辑第一一六页

---

❶ "怀"，当为"坏"。——编者注
❷ "停至"，当为"停止"。——编者注

凡人必常常生活于趣味之中，生活才有价值。

——同上，第二辑第一二一页，《学问之趣味》

凡一件事做下去不会生出和趣味相反的结果的，这件事便可以为趣味的主体。

——同上，第二辑第一二二页

凡趣味的性质，总要以趣味始，以趣味终。

——同上，第二辑第一二二页

凡趣味总要自己领略，自己未曾领略到时，旁人没有法子告诉你。

——同上，第二辑第一二三页

趣味主义最重要的条件是"无所为而为"。

——同上，第二辑第一二四页

凡人类的本能，只要那部分搁久了不用，他便会麻木、会生锈。

——同上，第二辑第一二五页

趣味总是藏在深处，你想得着，便要入去。

——同上，第二辑第一二六页

不怕范围窄，越窄越便于聚精神；不怕问题难，越难越便于鼓勇气。

——同上，第二辑第一二七页

人类任操何种卑下职业、任处何种烦劳境界，要之总有机会和自然之美相接触。

——《学术演讲集》，第三辑第三页，《美术与生活》

因自己的才能境地做一种劳作做到圆满，便是天地间第一等人。

——同上，第三辑第十四页，《敬业与乐业》

凡做一件事，便把这件事看做我的生命，无论别的什么好处，到底不肯牺牲我现做的事来和他交换。

——同上，第三辑第十五页

不从智识基础上求权力，权力断断乎得不到；侥幸得到，也断断乎保持不住。

——同上，第三辑第八十八页，《人权与女权》

我很快乐，因为我常常在我的工作中发见意外的光明。

——同上，第三辑第一〇八页，《历史统计学》

从麻烦劳苦中得着一点成功，便是人生最快乐的事；或者还可以说人生目的就在此。

——同上，第三辑第一一三页

人类所以独称为文化的动物者，全在其能创造且能为有意识的模仿。

——同上，第三辑第一二〇页，《什么是文化》

无论何种创造行为中，都不能绝对的不含有模仿的成分。

——同上，第三辑第一二四页

要彼我交感互发，成为一体，然后我的人格才能实现。

——同上，第三辑第一七六页，《为学与做人》

一个人的意志，由刚强变为薄弱极易，由薄弱返到刚强极难。

——同上，第三辑第一八〇页

无精神生活的人，知识愈多，痛苦愈甚；作歹事的本领也增多。

——同上，第三辑第二一八页，《东南大学课毕告别辞》

一个人不能发展他的个性，便是自暴自弃。

——同上，第三辑第二三七页，《教育应用的道德公准》

一、哲理

一个人要保持勇气，须从一切行为可以公开做起。

——同上，第三辑第一七九页，《为学与做人》

人类活动状态，其性质为整个的，为成套的，为有生命的，为有机能的，为有方向的。

——《中国历史研究法》，第三章第六十一页，
《史之改造》

凡事物之时间的联络关系，往往非俟时间完全经过之后不能比勘而得。

——同上，第五章第一三九页，《史料之搜集与鉴别》

思想批评必须建设于实事的基础之上，而非然者，其思想将为枉用，其批评将为虚发。

——同上，第五章第一七九页，《史料之搜集与鉴别》

宇宙之因果律，往往为复的而非单的，为曲的而非直的，为隔的、伏的，而非连的、显的，故得其真也甚难。

——同上，第六章第一九九页，《史迹之论次》

心力既非物理的或数理的因果律所能完全支配，则其所产生之历史，自亦与之同一性质。

——同上，第六章第二〇〇页

心的运动，其速率本非物的运动所能比拟，故人类之理想及欲望，常为自然界所制限。

——同上，第六章第二一〇页

倘使心的经过之对于时间的关系，纯与物的经过同一，则人类征服自然，可纯依普通之力学法则以行之。

——同上，第六章第二一〇页

人事之关系复杂，而人心之动发又极自由，故往往有动机极小而结果极大者，更有结果完全与动机分离而别进展于

梁任公语粹

一方向者。

——同上，第六章第二一〇页

心的进展，时或被物的势力所堵截而折回；或为所牵率而入于其所不豫期之歧路；直待渐达心物相应的境界，然后此史迹乃成熟。

——同上，第六章第二一八页

同一之心的活动，易时易地而全异其价值。

——同上，第六章第二一九页

有可能性谓之因，使此可能性触发者谓之缘。

——同上，第六章第二二〇页

权谋不可不用，然亦不能久用；利害不可不审，然正不可太审。

——《盾鼻集》函牍类，第八页

吾侪知世界潮流不可拂逆；凡一切顽迷复古思想，根本上不容存在今日，强欲逆流而泝，决无成绩，徒种恶因。

——《盾鼻集》论文类，第八十七页，《五年来之教训》

无论何人之言，决不肯漫然置信，必求其所以然之故，常从众人所不注意处觅得间隙，既得间，则层层逼拶直到尽须处，苟终无足以起其信者，虽圣哲父师之言不信也。

——《清代学术概论》，第五十七页

思想蜕变之枢机，有捩于彼而辟于此者。

——同上，第九十八页

时代思潮之为物，当运动热度最高时，可以举全社会各部分之人人，悉参加于此运动。

——同上，第一〇九页

墨子以为厌世乃志行薄弱的人的行径；世界本由人造成

的，固然不可厌，也不该厌；所以抗这种潮流，"摩顶放踵利天下为之"。

——《墨子学案》，第十页

墨子所谓爱是以实利为标准；他以为有一部分人奢侈快乐，便损了别部分人的利了；所以反对他。

——同上，第十六页

墨子讲兼爱，常用"兼相爱，交相利"六字连讲必合起来，他的意思才明。兼相爱是理论，交相利是实行这理论的方法。兼相爱是托尔斯泰的利他主义，交相利是科尔璞特金的互助主义。

——同上，第十六页

孔子和墨子有根本不同之处。孔子是有"己身""己家""己国"的观念，既已有个"己"，自然有个"他"相对待；"己"与"他"之间，总不能不生出差别。墨子却以为这种差别观念，就是社会罪恶的总根源，一切乖忤、诈欺、盗窃、篡夺、战争，都由此起。

——同上，第十九页

差别主义，结果一定落到有爱有不爱：墨子以为这就是"兼相爱"的反面成了。

墨子是一位实行家，从不肯说一句偏于理想的话，他论事物的善恶，专拿有用无用做标准。他以为"善"的范围和有用的范围，一定适相吻合。

——同上，第二十一页

非攻主义，是由兼爱主义直接衍出，既已主张兼爱，则"攻"之当"非"，自然不成问题，为甚么还要特标出来做一种主义呢？因为当时军国主义，已日见发达；多数人以为国际上道德和个人道德不同，觉得为国家利益起见，无论出甚么恶辣手段都可以。

——同上，第二十四页

墨子所"非"的，是"攻"，不是"战"。质言之，侵略主义极端反对；自卫主义，却认为必要。

——同上，第二十六页

墨子以为：人类之欲望，当以维持生命所必需之最低限度为标准。

——同上，第二十九页

墨子以为：凡奢侈的人，便是侵害别人的生存权。

——同上，第三十页

墨子以为：生产一种物事，是要费资本、费劳力的，那么，就要问：费去的资本、劳力能够增加多少效用？所费去的和所增加的比较，能否相抵而有余？

——同上，第三十页

自己的劳力和光阴，做完了自己分内事业，还有余賸，拿去帮别人，做这就是"余力相劳"。自己的资财，维持自己一身和家族的生活，还有余賸，拿去分给别人，这就是"余财相分"。这两句话墨子书中讲得最多。

——同上，第三十七页

墨家非攻，儒家亦非攻。儒家非攻，专是义不义问题。墨家非攻，义不义问题之外，还有个利不利问题。

——同上，第三十九页

少数人格外占便宜得利益，从这少数人方面看，诚然是有利了；却是大多数人受了他的害。从墨子爱利天下的眼光看来，这决然是害，并不是利。反之，若是少数人吃亏，多数人得好处，墨子说他是利。

——同上，第四十二页

墨子的实利主义，原是极好；可惜范围太窄了，只看见积极的实利，不看见消极的实利。所以弄到只有义务生活，没有趣味生活。

——同上，第四十五页

判断是要两个以上的观念相连结，才能发生。

——同上，第九十七页

用"是""非"等字样判断两个概念的关系便是意；表示这意的那句话便是辞。

——同上，第九十七页

推论是要两个以上的判断相连结，才能发生。

——同上，第九十七页

实，是客观上的对境；名，是主观上的概念。将对境摄取成为概念，概念对境，一致吻合，像以印印泥，印出的形象，即是原型的形象，这就是"名实耦"。

——同上，第九十九页

伦理学家固最尊自由；其所谓自由者，谓须使良心绝对自由，而不为肢体嗜欲之所制。今若为逸游淫荡、放纵卑劣之行，试一返诸汝最初之良心，其必不以为可也，亦明矣。

——同上，第二十四页

人类从心界、物界两方面调和结合而成的生活，叫做"人生"；我们悬一种理想来完成这种生活，叫做"人生观"。

——《饮冰室文集》，第六十八卷第二页，

《人生观与科学》

人生问题有大部分是可以——而且必要用科学方法来解决

的，却有一小部分——或者还是最重要的部分是超科学的。

——同上，第二页，《人生观与科学》

凡属于物界生活之诸条件，都是有对待的。有对待的自然一部或全部应为"物的法则"之所支配。我们对于这一类生活，总应该根据"当时此地"之事实，用极严密的科学方法，求出一种"比较合理"的生活。这是可能而且必要的。

——同上，第三页，《人生观与科学》

我承认人类所以贵于万物者在有自由意志；又承认人类社会所以日进，全靠他们的自由意志。但自由意志之所以可贵，全在其能选择于善不善之间而自己作主以决从违。所以自由意志是要与理智相辅的。

——同上，第三页

人类生活，固然离不了理智；但不能说理智包括尽人类生活的全内容。此外还有极重要一部分，——或者可以说是生活的原动力，就是"情感"。情感表出来的方向很多，内中最少有两件的的确确带有神秘性的，就是"爱"和"美"。

——同上，第四页

人类关涉理智方面的事项，绝对要用科学方法来解决。关涉情感方面的事项，绝对的超科学。

——《饮冰室文集》，第六十八卷第五页，
《人生观与科学》

人生观是个人的，各人有各人的人生观。各人的人生观，不必都是对的，不必于人人都合宜。

——同上，第二十页，《"知不可而为"主义》
与《"为而不有"主义》

我是感情最丰富的人。我对于我的感情都不肯压抑，听其尽量发展。发展的结果，常常得意外的调和。"责任心"和"兴味"都是偏于感情方面的多，偏于理智方面的少。

——同上，第二十页

成功与失败本来不过是相对的名词，一般人所说的成功不见得便是成功，一般人所说的失败不见得便是失败。天下事有许多，从此一方面看说是成功，从别一方面看也可说是失败；从目前看可说是成功，从将来看也可说是失败。

——同上，第二十一页

宇宙间的事绝对没有成功，只有失败。"成功"这个名词，是表示圆满的观念，"失败"这个名词，是表示缺陷的观念；圆满就是宇宙进化的终点，到了进化终点，进化便休止；进生休止不消说是连化活都休止了。所以平常所说的成功与失败，不过是指人类活动休息的一小段落。

——同上，第二十二页

我们既做了人，做了人既然不能不生活，所以生活不管是段片也罢，是微尘也罢，只要在这微尘生活、段片生活里，认为应该做的，便大踏步的去做，不必打算，不必犹豫。

——同上，第二十四页

遇事先计划成功与失败，岂不是一世在疑惑之中？遇事先怕失败，一面做，一面愁，岂不是一世在忧愁之中？遇事先问失败了怎么样，岂不是一世在恐惧之中？

——同上，第二十五页

理论可由冥思或耳食而得，若夫实际的设施，非切按诸环境及经过之事实，则末由适当也。

——同上，第七十卷第八页，
《"平民教育孟禄特号"序》

好记性的人不见得便有智慧；有智慧的人比较的倒是记性不甚好。你所看见者，是他发表出来的成果，不知他这成果原是从铢积寸累、困知勉行得来。

——同上，第三十六页，《国学入门书目及其读法》

人生目的不是单调的，美也不是单调的。为爱美而爱善，也可以说为的是人生目的；因为爱美本来是人生目的的一部分。诉人生苦痛，写人生黑暗，也不能不说是美；因为美的作用，不外令自己或别人起快感；痛楚的刺激也是快感之一。

——同上，第七十一页，《情圣杜甫》

天下最神圣的莫过于情感：用理解来引导人，顶多能叫人知道那件事应该做，那件事怎样做法，却是被引导的人到底去做不做，没有什么关系；有时所知的越发多，所做的倒越发少，用情感来激发人，好像磁力吸铁一般。有多大分量的磁，便引多大分量的铁，丝毫容不得躲闪。所以情感这样东西，可以说是一种催眠术，是人类一切动作的原动力。

——同上，第七十一卷第一页，

《中国韵文里须所表演的情感》

情感的性质是本能的，但他的力量，能引人到超本能的境界；情感的性质是现在的，但他的力量，能引人到超现在的境界。我们想入到生命之奥，把我的思想行为和我的生命迸合为一；把我的生命和宇宙和众生迸合为一；除却通过情感这一个关门，别无他路，所以情感是宇宙间一种大秘密。

——同上，第二页

情感的作用固然是神圣，但他的本质不能说他都是善的，都是美的：他也有很恶的方面，他也有很丑的方面。他是盲目的，到处乱碰乱进，好起来好得可爱，坏起来也坏德❶可怕。所以古来大宗教家、大教育家，都最注意情感的陶养，老实说，是把情感教育放在第一位。情感教育的目的，不外将情感善的、美的方面尽量发挥，把那恶的、丑的方面渐渐压伏、淘汰下去。这种工作做的一分，便是人类一分的进步。

——同上，第二页

悲痛以外的情感，并不是不能用这种方式去表演。他的诀窍，只是当情感突变时，捉住他"心奥"的那一点，用强调写到最高度。

——同上，第七页

人类这样东西，真是天地间一种怪物，他时时刻刻拿自己的意志，创造自己的地位，变化自己的境遇，却又时时刻刻被他所创造、所变的地位境遇支配起自己来。

——同上，第七十二卷第二页，《欧游心影录节录》

大凡一个人，若使有个安心立命的所在，虽然外界种种困苦，也容易抵抗过去。

——同上，第七十二册第八页

依着科学家的新心理学，所谓人类心灵这件东西，就不过物质运动现象之一种。精神和物质的对待，就根本不成立。所谓宇宙大原则，是要用科学的方法试验得来，不是用哲学的方法冥想得来的。

——同上，第九页

近代的欧洲，新思想和旧思想矛盾，不消说了。就专以新思想而论，因为解放的结果，种种思想同时从各方面迸发

❶ "坏德"，当为"坏得"。——编者注

出来，都带着几分矛盾性。如个人主义与社会主义矛盾，社会主义和国家主义矛盾，国家主义和个人主义也矛盾，世界主义和国家主义又矛盾。从本原上说来，"自由""平等"两大主义，总算得近代思潮总纲领了，却是绝对的自由和绝对的平等，便是大大一个矛盾。分析起来，哲学上唯物和唯心的矛盾，社会上竞存和博爱的矛盾，政治上放任和干涉的矛盾，生计上自由和保护的矛盾。种种学说，都足言之有故持之成理。从两极端分头发展，愈发展的速，愈冲突得剧。消灭是消灭不了，调和是调和不了。种种怀疑，种种失望，都是为此。

——同上，第十二页

人类只要精神生活不枯竭，那物质生活，当然不成问题。

——同上，第十五页

感觉现状不满足，自然生出努力，这努力便是活路。

——同上，第十七页

我们要完成自己的个性，却四面遇着怨敌，所以坐在家里头也要奋斗，出来到一切人事交际社会也要奋斗。不是斗别人，却是斗自己。稍松点劲，一败涂地，做了捕卢❶，永世不能自由了。

——同上，第二十三页

人生最大目的，是要向人类全体有所供献❷。为什么呢？因为人类全体才是"自我"的极量，我要发展"自我"，就须向这条路努力前进。

——同上，第二十八页

---

❶ "捕卢"，当为"俘虏"。——编者注
❷ "供献"，当为"贡献"。——编者注

人类组织团体的本能，是个有弹力性常常扩充的，不是个一成不变甘于保守的。

——同上，第七十四卷第十八页

现在之中国，势力即罪恶；任受何方面势力之支配或牵掣，即与罪恶为邻。

——同上，第七十五卷第一页，
《时事新报五千号纪念辞》

吾侪以为今日之恶势力，不独一方面；凡所谓势力者，大抵皆恶也，吾侪一不能有所庇纵。

——同上，第二页

报馆之天职，在指导社会、矫正社会，而万不容玩弄社会、逢迎社会。

——同上，第二页

野战炮、机关枪之威力，可以量、可以测者也；其不可量、不可测者，乃在舆论之空气。

——《致吴子玉书》

空气之为物，若至弱而易侮，及其积之厚而扇之急，顺焉者乘之以瞬息千里，逆焉者则木可拔而屋可发，虽有贲获，莫能御也。

——《致吴子玉书》

大觉悟与大忏悔，非大英雄不能也。

——《与曹仲珊书》

希望是人类第二个生命，悲观是人类活受的犯刑。

——《辛亥革命之意义与十年双十节之乐观》

为今之人，就是不爱管事，迫着也要管事，就是不会管事；也得学学管事。换一句话：总要把几千年来，孤独睽离的生活蜕变一下子，常常找个机会来练习练习协同动作的生活。

——《无枪阶级对有权❶阶级》

秘密总是罪恶，虽以极光明之人，多做几回秘密行动，也会渐渐变坏。

——《外交欤内政欤》

冒险牺牲的精神减少，说话的效力也减少了。

——《外交欤内政欤》

凡人类能有所造作者，于其自业力之外，尤必有共业力为之因缘。所谓共业力者，即某时代某部分之人共同所造业，积聚余传于后；而他时代人之承袭此公共遗产者，各凭其天才所独到，而有所创造。其所创造者，表面上或与前业无关系，即本人亦或不自知；然以史家慧眼烛之，其渊源历历可溯也。

——《翻译文学与佛典》

离却主观的经验，那客观是什么东西，我们便不能想象。

——《佛教心理学浅测》

我们的心意识，有随灭和相续两种状态，是确的，试稍加内省工夫，自然察觉。这两种状态。本来是一件东西的两面。但据粗心或幼稚的哲学家看来，那"念念生灭心"刹那不停新陈代谢，容易看出他无常不实，所以公认他是心理上所研究的对象，会结他"意识之流"或其他名目。至于次第相续心，他递嬗的变化很微细不易察见，表面上像是常住的，而且他又能贮藏过去的经验令他再现，很像总持我身心的一个主宰，像是能有一切能知一切的主人翁。所以一般人的常识乃至一部分哲学家，多半起"我思故我存"等妄见认这个为"自我。"

——《佛教心理学浅测》

---

❶ "有权"，当为"有枪"。——编者注

所谓人生，所谓宇宙，只是事情和事情的交互，状态和状态的衔接，随生随住随变随灭，随灭复随生。

——《佛教心理学浅测》

想人类由愚变智有办法，想人类由智变愚没有办法。人类既已有了智识，只能从智识方面，尽量的浚发，尽量的剖析，叫他智识不谬误，引到正轨上来；这才算顺人性之自然，"法自然"的主义才可以贯彻。

——《老子哲学》

今试行穷乡下邑辄儿有弱嫠褓负呱呱之子褴褛而行乞者。吾人习见，莫之或奇，莫之或敬也。而不知此种行为之动机，乃纯出于"损己而益所为"，纯是"为身之所恶以成其子之所急"，其在文化与我殊系之民族，则妇女为葆其肤颜之美姣而弃子弗字者，比比然矣。

——《〈墨子学案〉第二序》

又恒见有壮夫侍其老、羸、废、疾之父母昆弟，因以废其固有之职业，虽百艰而不肯舍去。亦有齿落发白垂尽之年，不肯稍自暇逸，汲汲为其子孙谋者。若此之类，就一方面论，或可谓妨害个性之发展。就他方而论，则互助精神，圆满适用，而社会之所由密集而永续也。

——《〈墨子学案〉第二序》

夫所谓"糜顶至踵利天下"者，质言之，则损己以利他而已。利亿万人固利他，利一二人亦利他。泛爱无择固利他，专注于其所亲亦利他也。己与他之利不可得兼时，当置他于第一位而置己于第二位是之谓"损己而益所为"，是之谓墨道也。

——《〈墨子学案〉第二序》

思想是要自由的，但却不能囫囵，却不能模棱，对于和自己不同的见解，必要辩驳，或者乃至排斥。辩驳排斥，不能说是侵人自由，因为他也可以照样的辩驳我排斥我。

——《戴东原哲学》

我确信绝对的创造是没有的，任何新颖任何高奇的思想，总要受几分历史传下来的影响，只要在全人类千万相继不断的"创造线"上添上一分半寸，就算是创造。

——《戴东原哲学》

真理善恶本来不是绝对的：仁与不仁，像是两极端，其实只是从一根在发上生出来。一个欲字，仁与不仁都要靠做根核，所以说是中性。

——《戴东原哲学》

我们哲学史上发生最早而争辩最烈的，就是"人性"问题。详细点说是"性善""性恶""性无善无恶""性有善有恶"的问题。这个问题，是一切教育一切政治之总出发点，因为有性善性恶主张之歧异，教育方针当然各各不同，而一切社会组织政治设施之根本观念，都随而移动。这个问题，和现实生活之直接关系如此其深切，所以无论何派哲学家都参加讨论。

——《戴东原哲学》

气候、山川之特征，影响于住民之性质，性质累代之蓄积发挥，衍为遗传。此特征又影响于对外交通及其他一切物质上生活，物质上生活，还直接影响于习惯及思想。故同在一国同在一时而文化之度相去悬绝，或其度不甚相远，其质及其类不相蒙，则环境之分限使然也。

——《近代学风之地理的分布》

使物质上环境果为文化唯一之原动力，则吾侪良可以委心任运，听其自然变化；而在环境状态无大变异之际，其所产获者亦宜一成而不变，然而事实上决不尔尔。

——《近代学风之地理的分布》

唯物史观派所主张谓物质的环境具万能力，吾侪一切活动，随其所引以为进展，听其所制以为适应，其含有一部分真理，无少疑也。

——《近代学风之地理的分布》

人类之所以秀于万物，能以心力改造环境而非偶然悉环境所宰制"一夫善射百夫决拾"，心力伟大者一二人先登也，而其浡兴遂不可御也。

——《近代学风之地理的分布》

其在文物郁郁之乡，则思如何而后可以无惭于先达，续其绪勿使堕也；又深察乎一时之盛不可以恃，各乡邦固有昔盛而今衰者矣，引此为鉴而日兢兢也。其在昔盛今衰之乡，则夙夜图所以振之，使先辈心力熏铸于吾之潜意识者迅奋复活也。其在夙未展拓之乡则知耻惧，愈加努力，毋使长为国中文化落伍之区域；而又思夫他乡之所以先进，亦不过一二仁人君子心力之为，诵"彼丈夫我亦丈夫"之言而自壮自力也。

——《近代学风之地理的分布》

夫自然界之力所能限制吾人者盖可睹耳，今者全世界学风且刹那刹那交相簸荡，而更何一省、一郡、一邑之所能私？即以近三百年间所演观之，其末流固已交光互影而地域的色彩日益淡矣；其普及之均度，亦月异而岁不同。吾祝十年后有赓续吾文者，其所述学术之种类及内容有以异于今所云，而平均发展之度亦日益进，不复如今之偏枯而可睹也。

——《近代学风之地理的分布》

一事业之完成，大非易易。故一国民在一时代间，往往仅能完成一种事业；或以一种事业为主，而其他为辅。

——《历史上中华国民事业之成败及今后革进之机运》

一事业所历时代之长短，恒以其事业之难易及事业所被范围之广狭为比例。

——《历史上中华国民事业之成败及今后革进之机运》

凡事业未有不根据一理想而生者，理想既深入人心，于是发为性情，演为制度，而事业随之。我国民以数十年赓续的努力，完成此大事业，果恃何种理想以为之贯注耶？此种理想，对于现在及将来新事业之成败，有何关系耶？此实我国民目前亟当内省审处之一重要问题。

——《历史上中华国民事业之成败及今后革进之机运》

前此为"形成"事业所用之手段，有足为将来发展事业之基础者，亦有足为其障碍者，宜分别保存革易。

——《历史上中华国民事业之成败及今后革进之机运》

消极的妥协性，只适于自全，不适于自发；我国民今后宜努力于环境之改造，使环境与我妥协，不可徒以我妥协于环境。

——《历史上中华国民事业之成败及今后革进之机运》

个性不发展，则所谓世界大同，人类平等之诸理想，皆没由实现；而思想自由一被限制，即足为个性发展之障；故思想宜勿求统一，经一番混杂，自有一番光明。

——《历史上中华国民事业之成败及今后革进之机运》

闻诸智者见事于未形，未形云者，非无形也。月晕而知风，础润而知雨，风雨之未至，而其形则既具矣。特为他种现象所障，隐伏焉而未予人以共见；及其既至也，人人以为吾固见之矣。信能见乎未也；其见者为当时之现象，而希能见其现象之所由来与其所终极。

——《欧洲大战史论》

明者见果则遡因，见因则推果；能审乎因果相发之理，则恒能思患而豫防焉会值时势，或且转祸为福；即不尔者，亦得以惩前车之覆而毖后车之戒。

——《欧洲大战史论》

互相倚以为重者，则易以陵人；及至乎予人以不能受。则其所还相加遗者，亦必如其分。且既分曹比耦，要约于平日；一旦有事，自必相赑负而末由自主，无复能有调人资格立乎其间者。故祸一发而不可收也。

——《欧洲大战史论》

生计之势力，恒随政治之势力为消长；己国政治势力所不及之地，而欲以生计势力侵略之，为事固己万难为势抑亦不可久。

——《欧洲大战史论》

夫报之所以有益于人国者：谓其持论之能适应乎时势也；谓其能独立而不倚也；谓其能指陈利害，先乎多数人所未及察者而警告之也；谓其能矫正偏诐之俗论，而纳诸轨物也；谓其能补多数人常识所未逮，而为之馈贫粮也；谓其能窥社会心理之微，针对发药而使之相说以解也；谓其对于政治上能为公平透亮之批评，使当局者有所严惮也；谓其建一议、发一策，能使本国为重于世界，四邻咸知吾国论所在而莫敢余侮也。

——《京报增刊国文祝辞》

夫人生数十寒暑，受其群之荫以获自存，则于其群岂能不思所报？报之则必有事焉，非曰逃虚守静而即可以告无罪也明矣。于是乎不能不日与外境相接构，且既思以已❶之所信易天下，则行且终其身以转战于此浊世。若何而后能磨练其身心以自立于不败？若何而后能遇事物泛应曲当，无所挠枉？天下最大之学问，殆无以过此；非有所程序而养之于素，其孰能致者。

——《曾文正公嘉言钞序》

凡人一生之命运二十岁以前则既略定矣。苟不以此时缔构立身基础，过此以往，将未由自振；然此时期中血气未定，情感纷茁，又新离家庭之顾复，孑身以投入团体生活。所遇之新事物，在在足以移情丧志，稍不自慎，将堕落而永不可拔；又寸阴尺璧，毕生皆然，而少年光阴可宝尤甚：凡记忆力之应用，理想力之启发，一遇时期，则用力倍蓰，而收效不逮十一。

——《清华学校中等科四年级学生毕业纪念册序》

夫人既相结为一团体，则其性习感想，必有大段相同者存；其对于大问题，所见必甚相近。惟问题愈小者，则其差池亦愈多。

——《共和党之地位与其态度》

鄙人自问生平无他异人处，惟对于一切事，皆觉兴味浓挚。求学有然治事亦有然；凡可以劳吾心劳吾力者，则当其服劳之时与既劳之后，皆觉有无限之愉快。至于其勤劳所得之报酬何如，则不暇问也，以故永无失望沮丧之时。

——《到京第一次欢迎会演说辞》

吾辈无论欲为何事，必先有兴昧❷，然后有精神；必自有精神，然后能引起他人之精神。精神贯注，何事不成？若仁人

---

❶ "已"，当为"己"。——编者注
❷ "兴昧"，当为"兴味"。——编者注

志士，嗒然厌世，则乾坤或几乎息矣。

——《到京第一次欢迎会演说辞》

凡人所以生存者，必有其目的；惟有目的，故能为有机之发达。团体亦然。惟人之发达，为人所易见，若团体则难见。其目的自何而来，视之无形听之无声；除其组织此团之团员以外，又何从而认识之？然团体之生命虽寄存于团体之中，而欲集合多数人之目的为一团体之目的，则断乎其有不能者也。

——《莅民主党欢迎会演说辞》

凡居先知先觉之地位者，其言论行动，必规久远；当其初同情者固未必能多，愈失败愈足证其理想之高尚耳。

——《莅民主党欢迎会演说辞》

人身虽有各机关，各呈其用，而其主宰实在脑部。脑有所思，百体从令，人格始能统一；若耳目口鼻四肢各不相应，则不仅人格分裂，自问尚可以为人乎。

——《莅民主党欢迎会演说辞》

天下事断无有利而无害者；有大利则亦必有小害。但令能保全其大利，则固不妨因小害而有所牺牲；若必顾小害，则不仅必致牺牲大利，恐一事亦不能成也。故当大利在前之时，小苦痛万不能不忍受；此大而为国为民，小而为党内之事，皆所当知者也。

——《莅民主党欢迎会演说辞》

吾常以为人类道德之最可宝贵者，莫如不畏强御之精神。

——《莅共和党欢迎会演说辞》

今日立于世界，不惟当尊重固有之习惯；又当应世界潮流，随时势为进步。

——《莅山西票商欢迎会演说辞》

梁任公语粹

近数十年来，忧国之士，争言改革。然求之实际，则所谓改革者，虽不能一一枚举；然其一贯之原则则不外迁就旧机关，补以西洋物质而已！夫各国之风俗制度，虽各不同；然当改革时代，能先立大本者，斯其改革收功，反是有改革之名，无改革之实。

——《答礼茶话会演说辞》

凡抱一目的，奋励无前以进行者，斯为真乐观；反是者，委心任运，妄托一时之豪兴，虽名乐观，实消极的乐观而已。

——《答礼茶话会演说辞》

天下之事，决非旦夕所能告成，而于提倡风气为尤甚。吾辈诚悬一鹄以为进行之准，日之不足，继之以月；月之不足，继之以年；其有非一人之力所能为者，则合一团体以图之。行之期年，安患无健全之国民以为国家柱石哉？

——《答礼茶话会演说辞》

决斗与暗杀，皆野蛮时代所艳称为壮烈之举，而文明时代之大蠹也。然决斗者如突猪如狂兕，虽复狠戾，其气象犹有足多者。暗杀者如驯狐如鬼蜮，乘人不备而逞其凶，壮夫耻之。故暗杀为天下莫大之罪恶，且为最可羞之罪恶；此不烦言而可识也。然而愈近世而此风乃愈盛者，则偏颇之舆论实有以奖之。故其毒乃深中于人心而不易湔被，所谓生于其心害于其实者也。

——《暗杀之罪恶》

暗杀之为物，其所暗杀之人约二种：一曰恶人，二曰名士。其暗杀之动机亦二种：一曰沽名，二曰雪恨。其暗杀之目的亦二种：一曰公愤，二曰私仇。其行暗杀之方法亦二种：一曰躬亲，二曰贿嗾。之数种者，为罪虽有轻重之差而皆不免于罪。

——《暗杀之罪恶》

所谓恶者，就各人之主观名之耳；行暗杀者谓此人为恶焉而杀之，而善恶之标准，岂彼所能定？所谓公敌者亦然：人人各自谓所敌者为公，而公之形式，由何道以表示？不能表示公于何有？故欲假此名以免于罪，无一而可也。

——《暗杀之罪恶》

暗杀之动机，出于义愤者最上已；然君子固已怜其愚。出于沽名者，亦其次也；然斫国家之元气以成一己之名，居心既不可问矣。若乃自挟宿怨蓄志欲死其人，又惮法纲不敢躬亲，而贿嗾人以行之；则是合蛇蝎鬼蜮而为一，不足复齿于人类。而彼之受贿嗾而代人犯科者，则操业更与娼优无异，斯益不足责矣。

——《暗杀之罪恶》

夫信仰之为物也，当其既深入于人心，诚有确乎不易拔者存；及其一旦破裂，则倾坠之势，亦莫之能御。倾坠之后而欲求规复，则为事始绝对不可能。

——《国会之自杀》

苟犹有不易侮者存，则尚可以维持过去之信仰，而假其力以系将坠之命；及信仰之中心一破，则倾颓之势，万牛不能挽也。

——《国会之自杀》

当新中心未成立之时，有旧者为之维系，纲纽不至遽绝；而旧中心之力且常能刺激裁成其新者而助之长。稍假岁月青黄斯接，据"进化论"人为淘汰之法则，此道固无以易也。

——《国会之自杀》

夫必先有信仰之主体，然后客体信仰之程度，与夫增进其程度之方法，乃有可言。

——《国会之自杀》

西哲有言："宇宙之所以不毁，则人类之希望实筦其枢。"夫希望者，将来之事也。人而惟知有现在，不知有将来，则岂惟进化永窒，即人道或几乎息矣。

——《一年来之政象与国民程度之映射》

大抵凡物之在宇宙，各有其功用；而以时间空间配置之得宜，能发挥其功用至最大限度，斯谓之经济。反是则谓之不经济。

——《述归国后一年来所感想》

我国比年来对于制度之大患，在有革而无因；感现行制度之不适，则翻根抵而摧弃之。故无论何种制度，皆不能植深基于社会，而功用无自发生。

——《述归国后一年来所感想》

天下之理本一，而人知不甚相远；苟其深入而博辩之，则无论何种思想，未有绝对不能相容者也。

——《述归国后一年来所感想》

惟以诚感人者，人始以诚应；假膺惩之手段以致人之诚，吾未之闻也。

——《中日交涉汇评》

凡有生之物，其遭危难愈多者，则其警戒之愈觉愈敏锐。

——《中日交涉汇评》

凡听言最患有所蔽；一有所蔽，则成见横互于胸，看朱成碧，势所难免。

——《中日交涉汇评》

自由意志，实人格成立之根本定义；不认人有自由意志，

一、哲理

是侮辱人之人格也。侮辱他人之人格者，即无异侮辱自己之人格。

——《中日交涉汇论》❶

凡人有畏死之心者，睹鬼魅之影而怖焉；既已怀必死之志，则视鬼魅何有者。

——《中日交涉汇论》

凡人类皆有血气，拯之于危虽凉知感，乘之于危虽懦知愤。

——《中日交涉汇评》

公共信条失坠，个人对个人之行为，个人对社会之行为，一切无复标准；虽欲强立标准，而社会制裁力无所复施。驯至共同生活之基础，日薄弱以至于消灭。家族失其中心点，不复成家族；市府失其中心点，不复成市府；国家失其中心点，不复成国家。乃至社会一切有形无形之事物，皆失其中心点不复成社会。

——《国性篇》

道德最高之本体固一切人类社会所从同也，至其具象的观念，及其衍生之条目，则因时而异，因地而异。

——《中国道德之大原》

信条之为物，内发于心，而非可以假之于外，为千万人所共同构现，而绝非一二人所咄嗟造成。

——《中国道德之大原》

夫人之生于世也，无论聪明、才艺若何绝特，终不能无所待于外而以自立；其能生育长成，得饮食、衣服、居处，有智

❶ 此处疑原书"《中日交涉汇论》"有误，依前后文，当为"《中日交涉汇评》"。下同。——编者注

识、才艺，捍灾御患，安居乐业，无一不受环吾身外者之赐。其直接间接以恩我者，无量无极。

——《中国道德之大原》

人若能以受恩必报之信条，常印篆于心目中，则一切道德上之义务，皆若有以鞭辟乎其后，而行之亦亲切有味。

——《中国道德之大原》

夫绝对的个人主义，吾国人所从不解也。无论何人皆有其所深恩挚爱者，而视之殆与己同体。

——《中国道德之大原》

夫报恩之义，所以联属现社会与过去之社会，使生固结之关系者为力最伟焉。吾国所以能绵历数千年，使国性深入而巩固者，皆恃此也。而今则此种思想，若渐以动摇而减其效力；其犹能赓续发挥光大与否，则国家存亡之所攸决也。

——《中国道德之大原》

向上心与侥幸心异：向上心为万善所归，而侥幸心实万恶所集。

——《中国道德之大原》

对抗力者，对于发动力而得名者也。故必他方面有一强大之力，与之对待而不为所屈挠，乃得曰对抗。若彼方面之力已就消灭，而此方面之力起而与之易位，则不曰对抗；更申言之：凡言乎对抗力者，其力必为相对的；而无对抗力者，其力必为绝对的也。

——《政治上之对抗力》

人与人相处也，凡善谄者必善骄；治者与被治者之相互也，当其为治者而好陵人，当其为被治者，而必甘见陵于人矣。天下之秽德，莫过于是也。

——《政治上之对抗力》

天下事利与害常相丽：欲尽其利，而害且随焉；欲去其害，而利或缘此不复可见。故择善之明，与用中之适，圣者以为难。百事皆然。

——《宪法之三大精神》

人类之通性，必赖有督责于其旁者乃易趋善焉；言莫余违，则陷于恶而不自知也。

——《宪法之三大精神》

政治与社会，迭相助长，如环无端，必强指其缓急先后之所存；无论毗于何方，皆不免偏至之诮。而吾侪欲以言论自效于国者，揆诸与父言慈与子言孝之例：若为立于国家机关之人人说法耶；则当昌明社会托命于政治之义，使其知责任之所在；若为国家机关以外之人人说法耶，则当发挥政治植基于社会之义，使其知进取之所。自苟误其用焉，则吾言或不生反响；或生矣而恰反乎吾所预期。此最不可不慎也。

——《政治之基础与言论家之指针》

凡人之立于世也，皆有小我，有大我。其所见愈远者，其大我之范围亦愈广；稚子则惟知有具体的小我，而抽象的大我，绝非所喻。故稚子之性理，实极端个人主义之标准也。

——《幼稚论》

凡人之得大无畏者，必其能于事物之真相有所洞察，知其有不足畏者存。或知其虽畏而不可避也，则无沪勿畏，故大勇必以大智为本。

——《说幼稚》

人所以异于万物者，彼其心理作用，甚深微妙；常能以其心识超乎己身之外，入乎己身之中，而以己身为其研究之目的物。不宁惟是，并能以己心为其研究之目的物；一面以心为能研究之主体，一面以心为所研究之客体。

——《敬举两质义促国民之自觉》

大抵凡圣贤豪杰所以能立德立功者，其大过人之处，即在自知甚明；故能善推其所为而自践其所当践。即在一身一家能薄有所成就者，亦恒赖是。

——《敬举两质义促国民之自觉》

夫人至于为救死之故而有所求，虽圣贤盖亦有不能过为责备者矣。虽然，责备固有所不忍施，而分配则终亦穷于术。盖其性质既变为职业问题，则自不得不为生计原则所宰制。生计原则，凡值供给过于需要之时。救济之法，惟有两途：一曰设法增加其需要，二曰设法节少其供给。两皆不能，则其生计社会必生大混乱；而为此大混乱之牺牲者，将不可纪极。

——《作官与谋生》

吾以为金钱之为物，苟非以相当之劳力而得之、享之，可直谓人生一大不幸事。盖此种境遇处之稍久，则其人不与惰朝而惰自乘之；惰气一中，即为终身堕落之媒。凡人一生之运命，惟不断之奋斗为能开拓之。

——《作官与谋生》

曾文正公云："精神愈用则愈出，才智愈磨则愈进。"无论欲为社会立德立功，欲为一身保家裕后，要当以"自强不息"一语，为运命之中坚。而安坐而食之生涯，最能使人之精神体魄，皆渐消磨，现一种凝滞、萎悴、麻木之态，久之乃真成为社会上无用之长物。

——《作官与谋生》

夫苟血气就衰之人，自审前途更无责任之可负，则求区区薄禄，如宋人之乞祠领观，如泰西之年金年老，斯或无可奈何之数；若年富力强之人而断送一生于此间，则天下可哀愍之事，莫过是也。

——《作官与谋生》

夫人之才性，发育甚难，而消退至易。难有善讴之伶，经年不度曲，则失其声；虽有善射之夫，经年不弯弓，则失其技。冥洞之鱼，非无目也，以不用目故移置明湖，终不见物。构中之鹰，虽释其缚而不能高举也。

——《作官与谋生》

吾敢信今日全世界人类中以云谋生之道，尚推中国人为最易。稍有技能之士，但使能将依赖心与侥幸心划除净尽，振其惰气，以就奋斗之途；未必在此天府雄国中，竟无立足地。

——《作官与谋生》

今之论人论事者，一则曰经验，再则曰经验，夫经验可贵也，非经验无以广储俗识，而俗识实学识所取资也。虽然，苟无相当之学识，而惟日日驰于经验，则经验之能致用者有几？是故有万不可犯之原则而贸然犯之者，有极易遵之原则而落落然置之者。故往往用心甚善，用力甚勤，而反招恶果。恶果相袭，犹不省觉；甚则历受恶果之煎迫，犹不肯认为自招也。

——《良知与学识之调和》

才之为物，由于天授者半，由于自成者半；虽有绝特之资，不试以事历以艰险，则无自磨练以成才器。前代之由乱而治也，乱之初期，则尽汰胜朝之不才者；其次期，则发难之不才者汰焉，迨末期而不见汰者。

——《罪言》

民之为性也：从善如登也，从恶如萌也。欲保育其优点，动期成于百年，欲逢长其弱点，可暴露于一旦。

——《罪言》

凡人之为恶，其始皆有所不忍也，寖假而忍之矣，寖假而安之矣，寖假而习之矣，寖假而乐之矣。夫至于乐为恶，则良心之本能，既渐灭以尽，舍"麻木"二字，吾无以状之。此言夫个人道德堕落之程序也。夫个人之堕落，则何国蔑有？何代蔑有？其不至胥人类而为禽兽者，则恃有社会之普遍良心以为之制裁。彼良心麻木之个人，常为社会所贱弃，而结果终归于淘汰；则其谬种既不能广为播殖，即彼个人者，亦时复为此普遍良心所刺激，而麻木或渐苏复于一二人。人道所以不绝于天壤，赖此而已！

——《伤心之言》

弱点之种类不一，或浮动而弱，或疲惫而弱，或巧黠而弱，或蠢愚而弱，或淫佚而弱，或觳苦而弱：凡弱皆可利用；而因其弱之种类有异，则其利用所生恶果之大小有异。

——《伤心之言》

夫善于利用弱点之人，未有不成功者；而专以利用弱点为事之人，又未有不失败者。何也？专喜利用弱点之人，即此便为其本身一大弱点；而此弱点，往往同时被利用于他人而不自觉，究则俱毙而矣！且国民弱点者，国民心理之病征也；喜利用者不务疗已其病，而恒反扇奖之增益之，病日以进，而国日以悴，则亦不至于俱毙焉而不止也。

——《伤心之言》

夫兴废至无常，而盛衰不中立。彼夫渐灭以去者，皆与世界趋势不相适而见淘汰者也；其奄奄仅存而无声光可表见者，又日即于淘汰之列者也。

——《中国立国大方针》

今之语救时者，必曰回复秩序。夫有形之秩序与一时之秩序，则政府成立后，渐次解散军队。随时救济市场，斯亦可云回复矣。至于无形之秩序与继续之秩序，则非涵养新信条、建设新社会组织，无以致之。而下手之方，则首在举整齐严肃之政治以范铸斯民。保育政策之精神，如斯而矣。

——《中国立国大方针》

会议何以可贵？以其人人得自由发表意见、人人得自由审择表决而已！既有此种自由，然后以少数服从多数，则会议之结果，庶得称为民意之反映。

——《中国立国大方针》

夫所谓特殊智识、特殊技术者，必试验而始能得其程度也；且必历以事，然后知其适用之能力何如也。故既认为一种事业，则凡执此专业之人，必试以学而信其及格，试以事而信其胜任，夫然后授之职也。

——《省制问题》

大低❶改革币制，其运用之妙，全恃银行兑换券，此稍治国闻者所能共知也。盖兑换券既能剂市面之供求，则其中必有一大部分不来兑现；而此不兑现之部分，即可以节省硬币，而其资金得腾挪之余地。其改革时之铸本，即可于兹焉取之。

——《余之币制金融政策》

吾见夫人之愈以娱乐为职志者，其心魂之苦痛恒愈甚耳！盖人之生本与忧患俱来，而娱乐之度亦至无际。娱乐必与忧患

❶ "大低"，当为"大抵"。——编者注

相缘，而所获恒在不能相偿之数。以累日之苦易须臾之乐，以刻骨之苦易过眼之乐；谥为至愚，宁复云过？

——《菲斯的人生天职论述评》

吾侪必当认取一义，以自为受用之地；而不然者，日日所言思动作，若机械之见运而轧轧焉，无停晷也。曾无所向之鹄，泯然以终古，则吾之受生，真可谓绝无意味。且吾侪若长此蕾腾浑沌，则凡百动作，皆无力以自信，常在然疑之间；必且怯于趋善，而倦于进德。其所诒世患何若且勿论，而己身已先自陷于酷苦之渊矣！

——《菲斯的人生天职论述评》

凡百事物之价值，既已一切参透，则视善恶誉讥，皆为平等，举无足以撄其心，而惟以当前适意为第一受用。

——《菲斯的人生天职论述评》

所谓我者，有理性之我，有感觉之我；理性为人类所独有，感觉则与其他生物同之。故得名为真我者，惟此理性而已。然此感觉之我，亦实与理性之我俱来，何以故？苟无"非我"则亦无"我"；我之知"有我"缘与"非我"对待而后知之也。知有非我以与我相对待，是即感觉之作用也。虽然，既有非我与我相对待，则其缘境之影响于我者，常继续不断。故自理性一面言之，其本质诚圆融无碍；就感觉一面言之，则缘受外界种种影响，恒复杂矛盾而不兼容。而人类既以有理性为其特征，是宜勿以感觉之我灭理性之我；苟尔尔者，则人类存在之价值，或几乎息矣！要而言之：我既为我而生，为我而存，以我知良知别择事理，以我之良能决定行为，义不应受非我者之宰制，蒙非我者之诱惑；若是者谓之自由意志，谓之独立精神，一切道德律皆导源于是。我对于我之责任，任此而已。

——《菲斯的人生天职论述评》

夫性能以单纯为体，而以复杂为用，原不足病也。非复杂则无以尽其性能各部分之功用；厌复杂，是自窒其性也。然当使复杂之用，常得调和，而无致伤及本体；此盖非有一种特别伎俩，不能致焉。以何道修养而始得此伎俩？此又吾侪所当务也。复此，吾侪当应接外界之时，苟理性之发达未完，则常随体屈曲，寖假为外界所役，而主奴易位。其极也，能使人格丧灭。若何而能使我常制物，而不制于物？若何而能使物皆效用于我，而我常尽其用？是又非有一种特别伎俩不可焉！以何道修养而始得此伎俩，又吾侪所当务也。

——《菲斯的人生天职论述评》

大抵"自爱""他爱"之两主义，常为古今中外谈道学者交哄之冲。夫曰博爱，曰泛爱，闻其义者，亦复谁能致难？然使自私自利之本能，实蟠结于众生根性之奥隅，则矫揉以反所趋，为力能几？寖假竞以口头禅相尚，则是率人于为伪也，而投时乱世者流，或反乘弱瑕以骋诡论，取人性之卑浊一方面，推波助澜以煽发之。以为一身现在之外，他无可尚。而凡百道艺，归宿只资以自营；则陷溺横流，更伊胡底？

——《菲斯的人生天职论述评》

夫吾视吾身外之人与视吾身外之庶物，其观念宜无差别也；然而竟不能差别者何也？与吾同类之人与夫与吾不同类之庶物，其间相异之特征有一焉，曰：人类有自由意志，而庶物无之也。盖一切众生之行动，虽不敢谓其绝无所向之鹄；然常为必然之法则所宰制。人类之食息运动，固亦有一大部分为必然之法则所宰制；然常有多数之行为，为由吾自己之意思自行发动外，则求其原因也而不可得。然则人类意思之绝对自由，确为不可磨灭之真理；此即理性所由发寄，而人之所以贵于万物也。

——《菲斯的人生天职论述评》

吾侪既自觉我躬之具有此自由意志，又觉乎多数圆颅方趾与吾并立于宇宙间者，亦同具有此自由意志，于是乃别而异之曰：彼乃我非类而此乃我同类也。此则社会观念所由成立也。夫一切众生之无自由意志者，其行为常受他种原因所宰制。吾侪人类既有自由意志，宜无复他力能宰制我矣；虽然，有此自由意志者不独我一人也，凡我同类皆有之。故我之自由意志，其影响常波及于他人；他人之自由意志，其影响亦常波及于我。于是乎意志之本体，虽不受他力宰制，其发而为用也，自不能不有互相宰制者存。使多数人自由意志之发动，而能与本来之理性相应耶，则吾所感受者其良影响也；反是则所感受者其恶影响也。人我相互之间，其影响于我躬者如此其巨，此社会所以为重者一矣。

——《菲斯的人生天职论述评》

吾侪日常之行为，苟有与吾理性相矛盾者，盖未尝不受良心之督责，蹙然无以自容。又使与吾接媾之人人，日以非理相加，则我躬之困横，又曷其有极？从可知理性之完否，与幸福之多寡，恰成比例。

——《菲斯的人生天职论述评》

放眼观过去历史之趋势，能使吾侪之杞忧，自然冰释；盖使先知觉后知，使先觉觉后觉，觉既俨若天命之莫敢违。己欲立而立人，己欲达而达人，抑且人情所不能自己。人类精神之角斗，本莫之为而为，莫之致而致；而角斗之结果，则优胜劣败，遂无可逃。世间之愚不肖者，早晚必直接间接为贤知者所同化。此事实之章章不可掩者也！

——《菲斯的人生天职论述评》

我既自知我之有此理性，同时复知与我同类皆有此理性；又知彼我理想同为一体，关系至为密切，而影响互相波及。则欲求我理性之发达，自必以他人理性同时发达为一重要条件。故尊重我之自由意志，同时亦尊重他人之自由意志；而非然者，则忽复与我先天之理性相戾矣。

——《菲斯的人生天职论述评》

凡奴畜人者，恒先自奴征诸事实而最易见。盖骄与谄必相缘，苟遇弱于我者而恣意压制之，则遇强于我者必曲意屈服之，此自然之数也。故不知他人之自由意志为可尊者，必其不知自己自由意志为可尊者也；若此者，社会之蟊贼也。且夫强夺他人之自由以从我者，不必其出于恶意也；即临以善，亦非所宜。逆人之意志而强迫之为善，强迫之力，能支几时？究其竟，则徒劳而已！况行为不由意志出者，虽恶焉不任受罚，则虽善焉亦不任受赏也。然则蔑视他人之自由者，果无一而可也。

——《菲斯的人生天职论述评》

必有意志之自由，然后行为善恶之责任，始有所归；而不然者，吾生若器械然：其为善也，有他力使之；其为恶也，有他力使之；既非我所自为，则我亦何能任其责？夫惟自由之性，与生俱来，故择善趋恶，悉我主之，更无丝毫可容假借，然吾之理性，本自向善，试观行偶不慊，斯良心立加督责，羞恶应时而发；则性善之义，夫何容疑？其渐习于为恶也，不过为四肢百骸之欲所构煽，而心君忽失其宰制之力，质言之，则心为形役也。

——《菲斯的人生天职论述评》

凡各人之言思动作，不论时之久暂，不论力之大小，而必有一日焉生出若干反影反响，以波及于他人；寖假而波及于全社会，而且留其迹于亿万年以后。吾之此权能吾之此势力，盖与受生俱来，非惟非他力所能挠，即欲自磨灭之而亦不可得。人类之所以可尊，人生之所以可贵，凡以此而已！夫惟其可尊可贵若此，则所以思举其天职者，益不可不兢兢也。

——《菲斯的人生天职论述评》

夫人生之目的，既以使理性圆满发达为职志，若何而能使理性圆满发达，惟有善用自己所有之诸能力，媒介于内界与外界使相适应。其在社会，则宜使全社会之人人，各各善利用其所有之诸能力，互相补助，互相吻合，而媒介于全理想界与全自然界使相适应，如是则非阶级不为功也。

——《菲斯的人生天职论述评》

欲以个人而直接向自然界攫取利益、享受教育，为事殆极难；盖孤独生活而能致文化之发生者，未之前闻也。社会者，则取凡个人独力不能利用自然界之事业，而悉负荷之。取凡个人不能向自然界享取之利益，而悉储蓄之，而还以媒介之于个人。自有社会，而一人之利得，成为万人共同之利得，古人之财产，成为今人世袭之财产。不宁惟是，个人有耗捐此公共财产者，社会常分担其责任，思所以补填之而无所于吝由此言之，个人之所托庇于社会者如此其深厚也。

——《菲斯的人生天职论述评》

利用自然界云者，岂非使自然界常服从我乎哉？虽然，自然界固甚倔强；欲使之服从，常不得不与之奋战。质言之，则世界上一切文化，皆人类战胜自然界之卤获品而已。夫以云作战，抑何容易？使人人徒手以搏，各不相谋，则虽一人偶奏凯旋，而其他千百人乃望风而靡，有终于败而已。于是彼社会者，乃结军团以策战略；但使有一人获胜，则是社会之获胜也。万众鼓勇突进以随其后，乘势破敌而役属之。如是，此社会军之各战斗员，各各有其特殊之伎俩，各出之以克敌之果。一有可乘，即全军逐利。如是，则社会必能获无前之大捷，而卤获品则全军共焉。——所谓一人有庆，兆民赖之；社会之谓也。

——《菲斯的人生天职论述评》

社会之福利，他人之福利，自己之福利，实三位一体，相倚而不可离。明乎此义，则知我眇眇七尺之躯，虽曰其细已甚乎；然而继往开来，为此大宇宙中无穷历史之一连环。所以枢纽其间者至重且大。夫如是，然后吾之生为有意义，吾之生为有价值；明夫斯义，虽懦者其可以有立志矣。

——《菲斯的人生天职论述评》

忠孝节义诸德，其本质原无古今中外之可言，昔人不云乎："天下之善一也。"凡道德上之抽象名词，若"智""仁""勇""诚""明""忠""信""笃""敬""廉""让"，乃至若某若某；虽其涵孕之范围广狭全偏或有不同，然其同于为美德，则无以易。盖事理善恶之两面，譬则犹光明之与暗黑；讨论事理者：若何而足为光明之标准焉可也；研究若何而能使光明之焕发赓续焉可也。若乃贱斥光明而尊尚暗黑，则岂惟螫理，实乃拂情。即如"忠孝节义"四德者，原非我国所可独专，又岂外国所能独弃？古昔固尊为典彝，来兹亦焉能泯蔑？以忠孝节义与复古并为一谈，揆诸论理，既已不辞；以厌恶复古而致疑于忠孝节义，其瞀缪又岂仅因噎废食之比云尔！

——《复古思潮平议》

夫作法于真，其敝犹伪；作法于伪，敝将若之何？今凡百设施，多属创举，既非夙习。运用倍难，苟诚心以赴，期于必成；使当事者怀靖共毋泰之心，使社会作拭目观成之想，其庶乎勉，日起有功。今也不然：于其本所不欲之事，阴摧坏其实而阳涂饰其名。受其事者曰：此敷衍吾侪耳！吾毋宁以敷衍应之，而自爱之心与践职义务之观念，日趋薄弱。社会亦曰：某项事业，所以敷衍某人类耳！先怀一种轻蔑之心以对此事业，甚者从而掎之，而进行乃益以艰。及其挫跌，则抚掌称快曰：吾固谓此种制度之不可采，今果如是也。呜呼！凡今之所以应付各种新政者何一非尔尔耶？

——《菲斯的人生天职论述评》

凡古今中外之大哲能垂教以淑世者，其言皆有体有用。当其言用也，将使百姓与知与能；当其言体也，则常在不着不察之列。

——《孔子教义实际裨益于今日
国民者何在欲昌明之其道何由》

人类物类进化者，不徒恃物质上之势力而已，而并恃精神上之势力。故物类之争生存也，惟在热度之强盛，营养之足用而已；人则不然，恒视其智识道德，以为优劣胜败之差。人物所循天演之轨道，各自不同，盖以此也。夫酷热之时，使人精神昏沉，欲与天然力相争而不可得；严寒之时，使人精神憔悴，与天然力相抵太剧，而更无余力以及他。热带之人，得衣食太易，而不思进取；寒带之人，得衣食太难，而不能进取。

惟居温带者有四时之变迁，有寒暑之代谢；苟非劳力，则不足以自给，苟能劳力，亦必得其报酬。此文明之国民，所以起于北半球之大原因也。

——《地理与文明之关系》

海也者，能发人进取之雄心者也；陆居者，以怀土之故，而种种之系累生焉。试一观海，忽觉超然万累之表，而行为思想，皆得无限自由。彼航海者，其所本固在利也；然求之始，却不可不先置利害于度外，以性命财产为孤注，冒万险而一掷之。故久于海上者，能使其精神日以勇猛，日以高尚；此古来濒海之民，所以比于陆居者活气较胜，进取较锐；虽同一种族，而能忽成独立之国民也。

——《地理与文明之关系》

凡天然之景物，过于伟大者，使人生恐怖之念。想象力过敏，而理性因以减缩；其妨碍人心之发达，阻文明之进步者实多。苟天然景物，得其中和，则人类不被天然所压服，而自信力乃生。非直不怖之，反爱其美，而为种种之试验，思制天然力以为人利用。

——《地理与文明之关系》

当各人群未交通之时，各因其习惯而各设记号，此是一定之理；及其既交通之后，则必当画一之。不然，有十群于此，则一事物有十记号；有百群于此，则一事物有百记号。如是恐人类之脑筋，将专用之于记此记号，而犹且不给矣。然则画一之不可以已，无待言。虽然，此群彼群，各尊其所习惯，将一于谁氏乎？曰是有二义：一曰强习俗以就学理。以公议比较其合于公理最简易者而用之是也。一曰强少人以就多人。因其已行之最广者而用之是也。既知此义，则无论何群之人，皆不可无舍己从人之识量，夫然后可引其线以至于大同也；且亦使各群之人，皆留其有用之脑筋，以施之它事也。

——《夏威夷游记》

凡人处于空间，必于一身衣食住之外，而有更大之目的；其在时间，必于现在安富尊荣之外，而有更大之目的。夫如是乃能日有进步，缉熙于光明，否则凝滞而已，堕落而已；个人之么匿体如是，积个人以为国民，其拓都体亦复如是。

——《新大陆游记节录》

文明弱之国人物少，文明盛之国人物多。虽然，文明弱之国，人物之资格易；文明盛之国，人物之资格难。如何而后可以为真人物？必其生平言论行事，皆影响于全社会；一举一动，一笔一舌，而全国之人皆注目焉，甚者全世界之人皆注目焉！其人未出现以前，与既出现以后，而社会之面目为之一变，若是者庶可谓之人物也已！

——《南海康先生传》

凡真人物者，非为一世人所誉，则必为一世人所毁；非为一世人所膜拜，则必为一世人所蹴踏。何以故？或顺势而为社会导，而逆世而与社会战；不能为社会导者，非人物也；不敢与社会战者，非人物也！然则其战亦有胜败乎？曰无有。凡真人物者，必得最后之战胜者也！是故有早岁败而晚年胜者焉，有及身败而身后胜者焉。大抵其先时愈久者，则其激战也愈甚而其获胜也愈迟。孟子曰："不知其人可乎？"是以论其世也，观人物者不可不于此留意也。

——《南海康先生传》

凡先时人物所最不可缺之德性有三端：一曰"理想"，二曰"热诚"，三曰"胆气"。三者为本，自余则皆枝叶焉耳！

先时人物者，实过渡人物也。其精神专注于前途，以故其举动或失于急激，其方略或不适于用，常有不能讳者！

——《南海康先生传》

凡物必有原动力以起其端：由原动力生反动力，由反动力复生其反动力；反反相衔，动动不已，而新世界成焉。

——《南海先康生传》

天下惟庸人无咎无誉；举天下人而恶之，斯可谓非常之奸雄矣乎？举天下人而誉之，斯可谓非常之豪杰矣乎？虽然，天下人云者，常人居其千百，而非常人不得其一；以常人而论非常人，乌见其可？故誉满天下，未必不为乡愿；谤满天下，未必不为伟人。

——《李鸿章》

天下事失败者不必论；其成功者亦不必与其所希望之性质相缘。或过或不及，而总不离本希望之性质近是。此佛说所谓造业也。

——《中国殖民八大伟人传》

天下事有所私利于己而为之者，虽然亦恶；何也？彼盖以行善为一手段也。无所私利于己而为之者，虽恶亦善；何也？凡为一事必有一目的；目的非在私，则必其在公也。恶者亦善，而善者更何论焉？

——《新英国巨人克林威尔传》

中国之地势，为天然统一之地势；而幅员如此其辽廓，户口如此其众多。其在幼稚时代，非厚集权力于中央，无以为治。故专制必与统一为缘，不得不以一强驭群弱，势使然也。夫使境外无复他强以与我相遇，则长此终古，保守秩序，宁不足以致小康；其奈全世界物竞之大势又不许尔尔。夫是以情见

梁任公语粹

势绌，而二千年来，遂以屈辱之历史，播丑于天壤！

——《中国之武士道序例》

天下力量最大者，莫如时势。欲逆时势而行，如以卵投石，立见摧碎，如仰天自唾，徒污其面。民权者，今日全地球时势所驱迫而起也。

——《上粤督李傅相书》

凡人之思想，莫患夫长困于本社会；苟使之入他社会而与之相习，则虽中下之材，其思想亦必一变。

——《敬告当道者》

时势者可顺而不可逆者也；苟其逆之，则愈激而愈横决耳。机会者可先而不可后者也；苟其后之，则噬脐而悔无及耳！

——《敬告当道者》

夫一生数十年间，至幻无常，无可留恋，无可宝贵，其事甚明。而我现在，有所行为，此行为者，语其现象，虽复乍起即灭，若无所留；而其性格，常住不灭，因果相续，为我一身及我同类，将来生活，一切基础。世界之中，有人有畜，乃至更有其他一切众生。人类之中，有彼此国，有彼此家，有彼此族，彼此社会，所以者何？皆缘羯磨，相习相熏，组织而成。是故今日，我辈一举一动，一言一语，一感一想，而其影响，直刻入此羯磨总体之中，永不消灭；将来我身及我同类，受其影响，而食其报。此佛说之"大概"也。

——《余之死生观》

夫团体之为物，恒以其团体员合成之意思为意思，此通义也。故其团体员苟占国民之一小部分者，则其团体所表示之意思，即为此一小部分国民所表示之意思。其团体苟占国民之大多数者，则其团体所表示之意思，即为大多数国民所表示之意思。夫如是则所谓国民意思者，乃有具体的之可寻而现于实矣！国民意思既现于实，则必非漫然表示之而已，必且求其贯澈焉！

——《政闻社宣言书》

凡物适"于"外境界者存，不适"于"外境界者灭；一存一灭之间，学者谓之淘汰。淘汰复有二种：曰"天然淘汰"，曰"人事淘汰"。天然淘汰者，以始终不适之故，为外风潮所旋击，自澌自毙，而莫能救者也。人事淘汰者，深察我之有不适焉者，从而易之使底于适，而因以自存者也。人事淘汰，即革之义也。外境界无时而不变，故人事淘汰无时而可停；其能早窥破于此风潮者，今日淘汰一部分焉，明日淘汰一部分焉，其进步能随时与外境界相应。如是，则不必变革，但改革焉可矣。而不然者，蛰处于一小天地之中，不与大局相关系，时势既奔轶绝尘，而我犹瞠乎其后。于此而甘自澌灭，则亦已耳；若不甘者，则诚不可不急起直追，务使一化今日之地位，而求可以与他人之适于天演者并立。夫我既受数千年之积痼，一切事物，无大无小，无上无下，而无不与时势相反；于此而欲易其不适者以底于适，非从根柢处掀而翻之，廓清而辞辟之，乌乎可哉？乌乎可哉？

——《政闻社宣言书》

凡任天下大事者，不可不先破成败之见；然欲破此见，大非易事。必知天下之事，无所谓成，无所谓败，参透此理而笃信之，则庶几矣。何言乎所谓成？天下进化之理，无有穷也：进一级更有一级，透一层更有一层。今之所谓文明大业者，自他日观之，或笑为野蛮，不值一钱矣；然则所谓成者果何在乎？使吾之业能成于一国，而全世界应办之事复无限，其不成者正多矣。使吾之业能成于一时，而将来世界应办之事复无限，其不成者正多矣！况即以一时一国论之，欲求所谓美满圆好，毫无缺憾者，终不可得；其有缺憾者，即其不成者也。盖世界之进化无穷，故事业亦因之无穷，而人生之年命境遇聪明才力则有穷；以有穷者入于无穷者，而欲云有成万无是处。何言乎所谓败？天下之理，不外因果；不造因则断不能结果，既造因则无有不结果。而其结果之远近迟速，则因其内力与外境而生种种差别，浅见之徒，偶然未见其结果，因谓之为败云尔；不知败于此者，或成于彼，败于今者或成于后，败于我者或成于人。尽一分之心力，必有一分之补益，故惟日孜孜，但以造因为事，则他日结果之收成，必有不可量者。若怵于目前，以为败矣败矣，而不复办事，则遂无成之一日而已。故办事者立于不败之地者也，不办事者，立于全败之地者也。苟通乎此二理，知无所谓成，则无希冀心；知无所谓败，则无恐怖心。无恐怖心，然后尽吾职分之所当为，行吾良知所不能自己，奋其身以入于世界中磊磊落落，独往独来，大丈夫之志也！大丈夫之行也！

——《自由书·成败》

丈夫以身任天下事，为天下耳，非为身也！但有益于天下，成之何必自我？必求自我成之，则是为身也，非为天下也。

——《自由书·成败》

凡任天下大事者，不可无自信力。每处一事，既见得透，自信得过，则出一往无前之勇气以赴之，经百折不回之耐力以持之。虽千山万岳，一时崩坼而不以为意；虽怒涛惊澜蓦然号鸣于脚下而不改其容；猛虎舞牙爪而不动；霹雳旋顶上而不惊；一世之俗论，嚣嚣集矢，而吾之主见如故；平生之政党，纷纷离合，而吾之主见如故。

——《自由书·俾士麦与格兰斯顿》

凡天下事，无论大小，必有其所由来，中国学者谓之为"所以然之故"，省而言之，谓之曰"原因"。论事者必求得其原因，然后下断案，则断案必不谬；治事者必针对其原因，然后施方法，则方法必有功。朱子曰："能求所以然之故，方是第一等学问，第一等事业。"此之谓也。

——《自由书·近因远因之说》

人苟无名誉心则已；苟有名誉心，则虽有千百难事，横于前途，以遮断其进路，而鼓舞勇气终必能排除之。

——《自由书·伟人讷耳逊轶事》

西儒之言曰："天下第一大罪恶，莫甚于侵人自由；而放弃己之自由者，罪亦如之。"余谓两者比较，则放弃其自由者为罪焉，而侵人自由者乃其次也。何以言之？盖苟天下无放弃自由之人，则必无侵人自由之人，此之所侵者，即彼之所放弃者，非有二物也。夫物竞天择优胜劣败，此天演学之公例也。人人各务求自存则务求胜；务求胜则务为优者；务为优者则扩充己之自由权而不知厌足；不知厌则侵人自由必矣！言自由者必曰：人人自由而以他人之自由为界。夫自由何以有界？譬之有两人于此，各务求胜，各务为优者，各扩充己之自由权而不知厌足；其力线各向外而伸长，伸长不已，而两线相遇，而两力各不相下，于是界出焉。故自由之有界也自人人自由始也；苟两人之力有一弱者，则其强者所伸张之线，必侵入于弱者之界此必至之势，不必讳之事也。如以为罪乎？则宇宙间有生之物孰不争自存者，充己力之所能及以争自存，可谓罪乎？夫孰使汝自安于劣，自甘于败，不伸张力线以扩汝之界，而留此余地以待他人之来侵也。故曰：苟无放弃自由者，则必无侵人自由者，其罪之大原，自放弃者发之，而侵者因势利导，不得不强受之；以春秋例言之，则谓之罪首可也。

——《自由书·放弃自由之罪》

破坏主义何以可贵？曰：凡人之情，莫不恋旧；而此恋旧之性质，实阻阏进步之一大根源也。当进步之动力既发动之时，则此性质不能遏之，虽稍参用，足以调和而不致暴乱，盖亦未尝无小补焉。至其未发动之时，则此性质者可以堵其原阏其机，而使之经数十年数百年不能进一步，盖其可畏可恨至于如此也。快刀断乱麻，一拳碎黄鹤，使百千万亿蠕蠕恋旧之徒，瞠目结舌，一旦尽丧其根据之地虽欲恋而无可恋；然后驱之以上进步之途与天下万国驰骤于大剧场，其庶乎其可也！

——《自由书·破坏主义》

大丈夫行事磊磊落落，行吾心之所志，必求至而后已焉。若夫其方法随时与境而变，又随吾脑识之发达而变，百变不离其宗；但有所宗，斯变而非变矣，此乃所以磊磊落落也。

——《自由书·善变之豪杰》

凡动植物世界及人类世界，当强弱二者大相悬隔之时，则强者对于弱者之权力，自不得不强大。因强大之故，自不得不暴猛。譬之兽类，虎狮其最强者，故其于弱兽任意自由而捕食之，是狮虎之力，所以大而猛也。惟强故也，于人类亦然：昔者野蛮世界，强大之民族，对于弱小之民族，其所施之权力必大而猛；又同一民族之中，强者对于弱者，其所施之权力，必大而猛。不宁惟是，文明人民对于半开及野蛮之人民，其所施之权力，必大而猛。是无他故，皆自强弱之悬隔而生；强也弱也，是其因也，权力之大小，是其果也。其悬隔愈远者，其权力愈大而猛，此实天演之公例也。

——《自由书·论强权》

强权有两种：一曰大而猛者，一曰温而良者；虽然，等之为强权也。寻常学者，骤闻强权二字，辄以为专属于大而猛者，而不包有其温而良者，此实误也。猛大与温良，视乎他力与本力相对之强弱；而本力所现之象，随而异云尔。若本力之原质，则固非有异也。此吾所以统括猛大与温良两种之权力，而概名之为强权也。

——《自由书·论强权》

凡一切有机之生物，因其内界之遗传，与外界之境遇；而其体质心性，生强弱优劣之差。此体质互异之各物，并生存于世界中，而各谋利己，即不得不相竞争，此自然之势也。若是者名之谓生存竞争。因竞争之故，于是彼遗传与境遇优而强者，遂常占胜利；劣而弱者，遂常至失败，此亦当然之事也。若是者名之为优胜劣败。

——《自由书·论强权》

生存竞争优胜劣败，此强权之所由起也。生存竞争与天地而俱来，然则强权亦与天地俱来，固不待言。虽然，其发达之次序，亦有可口焉。在禽兽世界，其强权之所施，惟在此种属与他之种属之间而已；若其同一种属之间，则其强权不甚发达。野蛮人亦然：当草昧未开之时，同一人群内之竞争，而出其强权者甚稀。其始惟人类对于动植物而施其强权；其继则此群对于彼群而施其强权；其后乃一群之中之各人，甲对于乙乙对于丙而有强权。盖由人群进步发达，而生存竞争之趋向，日

梁任公语粹

渐增加，而强者之权利，乃日渐加大。于何证之？如一人群之初立，其统治者与被治者之差别殆无有，故君主对于人民之强权，亦几于无有；是为第一界，亦谓之据乱世。其后差别日积日显，而其强权亦次第发达。贵族之对于平民亦然，男子之对于妇人亦然；是为第二界，亦谓之升平世。至世运愈进步，人智愈发达，而被治者与平民与妇人，昔之所谓弱者，亦渐有其强权，与昔之强者抗，而至于平等；使猛大之强权，变为温和之强权。是谓强权发达之极则，是为第三界，亦谓之太平世。

——《自由书·论强权》

世界者何？豪杰而已矣？舍豪杰则无有世界。一国虽大，其同时并生之豪杰，不过数十人乃至数百人止矣；其余四万万人，皆随此数十人若数百人之风潮而转移奔走趋附者也。此数十人若数百人，能合为一点则其力非常之大，莫之与敌也；若分为数点，则因其各点所占数之多寡以为成败比例差。两虎相斗，必有一毙；夫一毙何足惜？而此并时而生者，只有此数十数百人，而毙其半焉，或毙其三之一也；则此世界之元气，既已斫伤不知既许，而世界之幸福所灭既已多矣，然则求免其斗可乎？曰是必不能。盖生存竞争，天下万物之公理也。既竞争则优者必胜，劣者必败，此又有生以来不可避之公例也！夫既曰豪杰矣，则必各有其特质，各有其专长，各有其独立自由不肯依傍门户之气概。夫孰肯舍己以从人者？若是夫此数十数百之豪杰，其终乎合一之时乎？其终始相斗以共毙矣乎？信如是也，此世界之孽罪未尽劫，而黑暗之运未知所终极也。吾每一念及此，未尝不呕血拊心而长欷也。

——《自由书·豪杰之公脑》

合豪杰终有道乎？曰有豪杰者，服公理者也，达时势者也。苟不服公理，不达时势，则必不能厕身于此数十人数百人之列；有之不足多，无之不为少也。既服公理矣，达时势矣，则公理与时势即为联合诸群之媒；虽有万马背驰之力，可以铁铄链之，使结不解也。是故善谋国者，必求得一目的，适合于公理与其时势，沁之于豪杰人人之脑膜中，而皆有养养然不能自已者存。夫然后全国之豪杰，可以归于一点，而事乃有成法。

——《自由书·豪杰之公脑》

凡力之动也，其抛线之圈，愈扩而愈大。故第一次反动力，其现象必更剧于原动力；而第二次之反动力，其现象又必更剧于原反动力，以次递进，皆循兹轨。故见反动力之来，勿惧勿患；当知其第二次加大反动力之来，必不远矣。

——《自由书·十九世纪之欧洲与二十世纪之中国》

人常欲语其胸中之秘密：或有欲语而语之者，或有欲勿语而语之者；虽有有心无心之差别，而要之胸中之秘密，决不长隐伏于胸中。不显于口，则显于举动；不显于举动，则显于容貌。《记》曰："夫微之显，诚之不可揜如此乎？"吁！可畏哉！盖人有四肢五官，皆所以显人心中之秘密，即肢官者，人心之间谍也，告白也，招牌也。其额蹙蹙，其容悴悴者，虽强为欢笑，吾知其有忧。其笑在涡，其轩在眉者虽口说无聊，吾知其有乐。盖其胸中之秘密，有欲自抑而不能抑，直透出此等之机关以表白于大庭广众者。述怀何必三寸之舌？写情何必七寸之管？乃至眼之一闪，颜之一动，手之一触，体之一运，无一而非导隐念述幽怀之绝大文章也。

——《自由书·烟士披里纯（Inspiration）》

西儒哈弥尔顿曰："世界莫大于人，人莫大于心。"谅哉言乎！而此心又有突如其来，莫之为而为，莫之致而至者；若是者我自忘其我，无以名之，名之曰"烟士披里纯"（Inspiration）。"烟士披里纯"者，发于思想感情最高潮之一刹那顷，而千古之英雄豪杰孝子烈妇忠臣义士，以至热心之宗教家美术家探险家，所以能为惊天地泣鬼神之事业，皆起于此一刹那顷，为此"烟士披里纯"之所鼓动。故一刹那间，不识不知之所成就，有远过于数十年矜心作意以为之者。

——《自由书·烟士披里纯（Inspiration）》

悔之发生力有二途：一曰自内，二曰自外。自内发者，非有大智慧不能，否则如西语所谓"烟士披里纯"，有神力以为之助也。自外生者，或读书而感动焉，或阅事而感动焉，或听哲人之说法而感动焉，或闻朋友之规谏而感动焉。要之，当其悔也，恒皇然凛然，有今是昨非之想；往往中夜瞿省，汗流浃背，自觉其全者所为，不可以立于天地。所谓一念之间，间不容发；非独大贤豪杰有之，即寻常人亦莫不有焉，特视其既悔之后，结果何如耳！

——《自由书·说悔》

凡言悔者，必曰悔悟，又曰悔改；盖不悟则其悔不生，不改则其悔不成。《易》曰："不远复，无祗悔，元吉。"孔子系之辞曰："颜氏之子，其殆庶几乎？有不善未尝不知，知之未尝复行也。是故非生其悔之难而成其悔之难！"曾文正公曰："从前种种，譬犹昨日死；从后种种，譬犹今日生。"故真能得力于悔字诀者，常如以一新造之人，立于世界；《大学》所谓日日新者耶？一人如是，则一身进步，国民如是，则一国进步。

——《自由书·说悔》

凡人之行事，善不善，合于公理不合于公理，彼各人之良心，常自告语之，非可以假借者也！是故昔不知其为善而弃之，昔不知其为恶❶而蹈之；或虽知之，而偶不及检，遂从而弃之蹈之。及其既悟也，既悔也，则幡然自新焉，是之谓君子之悔。若乃既已明知之矣。躬行之矣，而牵于薄俗，怵于利害，溺于私欲，忽然弃去，艾己尤人，是之谓小人之悔。君子之悔，其既悔既改也，常泰然若释重负，神明安恬；小人之悔，其既悔既改也，常腼然若背有芒；夜夜忐忑。君子之悔，一悔而不复再悔；小人之悔，且又将有大悔之在其后也。然则真能悔者，必真能不退转者也。何也？悔也者，进步之谓也，非退步之谓也。

——《自由书·说悔》

人也者，好群之动物也。近自所亲，远及所未见，相交互而成世界。虽然，日处于城市杂沓之地，受外界之刺激熏染，常不复自识我之为我。故时或独处静观，遁世绝俗，然后我相始可得见。顾所谓遁世绝俗者，其种类亦有数端：一则旁观派者流，伪为坚僻诡异之行，立于世外，玩世嘲俗，以为韵事佳话。所谓俗中笑俗，毫无取焉。次则以热心之极，生一种反动力。抱非常之才睹一世之聩聩，不忍扬波酸醨，乃甘与世绝。不以泯泯污察察，不以骐骥任驽骀；此三闾大夫之徒也，君子哀之，且深敬之。亦有性本恬淡，独禀清淑，不乐与人间世交涉，而放浪形骸之外者，古今高流之诗人，往往有之。如李白之诗，所谓"问余何事栖碧山，笑而不答心自闲；桃花流水杳然去，别有天地非人间"。其天才识想，自相高出于凡俗者；但此等人于世界无甚关系，吾甚爱之，不愿学之。

——《自由书·世界外之世界》

---

❶ "悉"，当为"恶"。——编者注

寻常人能入世界而不能出；高流者能出世界而不能入；最高流者，既入之，复出之，既出之，复入之即出即入，非出非入，夐哉尚乎！望之似易，行之甚难；虽不可强而致，顾不可不学而勉。无论如何寻常之人，日为寻常界所困，如醉如梦；及其偶遇一人独居，更无他事之时，时或有翛然洒然，与天地为伴侣，而生不可思议之思想者。

——《自由书·世界外之世界》

何以故？清明在躬，则志气如神；天下固未有昏浊营乱之脑质，而可以决大计立大业者。而凡大人物大豪杰，其所负荷之事愈多愈重，则其与社会交接也愈杂愈繁。非常有一世界外之世界，以养其神明，久而久之，将为寻常人所染，而渐与之同化。即不尔，而脑髓亦炙涸，而智慧亦不得不倒退。故欲学为大人物者，在一生中，不可不无数年住世界外之世界；在一年中，不可无数月住世界外之世界；在一日中，不可无数刻住世界外之世界。呜呼！风雨如晦，鸡鸣不已，虽不能至，心向往之。

——《自由书·世界外之世界》

希望者，灵魂之粮也，而希望常与失望相乘。失望者，希望之魔也。

——《自由书·希望与失望》

今日我国民全陷落于失望时代：希望政府，政府失望；希望疆吏，疆吏失望；希望民党，民党失望；希望渐进，渐进失望；希望暴动，暴动失望；希望自力，自力失望；希望他力，他力失望。爱国之士，溢其热血，绞其脑浆，于彼乎，于此乎，皇皇求索者有年，而无一路之可通。而心血为之倒行，而脑筋为之瞀乱。今日青年界中多少连犿伬诡之现象，其起因殆皆在失望。

——《自由书·希望与失望》

失望之恶果有二：其希望而不甚诚者，及其失望也，则退转。其希望而甚诚者，及其失望也，则发狂。今之志士，由前之说者十而七，由后之说者十而三。

——《自由书·希望与失望》

一私人有自杀，一国民亦有自杀。何谓国民之自杀？明知其道之足以亡国，而必欲由之是也。夫人苟非有爱国心，则胡不饱食而嬉焉？而何必日以国事与我脑相萦？故凡自杀之国民，必其爱国之度，达于极点者也。既爱之则曷为杀之？彼私人之自杀者，固未有不爱其身者；惟所爱之目的不得达，故发愤而殉之。痛哉自杀！苦哉自杀！

——《自由书·国民之自杀》

天下无必成之事，而有必败之事。治事者量其事之必成而后为之，则终无一事之可治也！若量其事之必败而故为之，则治事亦更何取也？孔子曰："必也临车而惧，好谋而成。"呜呼！阅历稍久之后，其必有感于斯言矣！吾昔持无成无败之理想，以谓造一因必有一果，而其结果之远近迟速，非浅见者所得论定。由今思之，吾为一事而诚能造出一因，以冀百数十年以后若数千里以外之结果者，则固谓之成，不谓之败焉矣！而天下事固有糜多少之日力，绞多少之脑浆，及其一败涂地，乃知烟消云散，渺然无复微痕薄迹之可寻，问于将来世界有丝毫影响乎？共事一二人，和血吞而已，而他更何有也？伤哉失败！

——《自由书·成败》

办事者有成有败者也，而不办事者则全败者也！知成败之

梁任公语粹

义者，其必知所择矣！惟当其办事也，虽不能要以必成，而必尽其智力所及以期于可成；虽不能保其不败，而必谋定后动而毋或立于必败。此岂徒为达救世之目的而已？抑亦自养其气勿使夭绝之一法门也！

——《自由书·成败》

夫道有阴阳，言非一端，而义之至者，恒存乎执中。常人之持论也，多有所为；有所为则有所蔽；有所蔽，则虽至明者不能自见其睫。而常人之听言者，率皆非能深入乎事理之中而察其是非也。而识足以佐其断者，益万不得一。以故俗论最为世所悦，而真理久湮晦，孔子所以恶似而非者也。

——《外债平议》

智而强者常趋而进于优，愚而弱者常退而即于劣。故自存者必以求智求强为第一义。等是人也，何以此智而彼愚，此强而彼弱？合众人之职见以为职见则必智，反是则愚；合众人之力量以为力量则必强，反是则弱。故合群者，战胜之左券也。

——《论商业会议所之益》

天下事理，有得必有失；然所得即寓于所失之中，所失即在所得之内。天下人物，有长必有短；然长处恒与短处相缘，短处亦与长处相丽。苟徒见其所得焉所长焉而偏用之，及其缺点之发现，则有不胜其敝者矣。苟徒见其所失焉所短焉而偏废之，则去其失去其短，而所得所长亦无由见矣。论学论事论人者，皆不可不于此深留意焉。

——《论宗教家与哲学家之长短得失》

人之天职，本平等也。然被社会之推祟❶愈高，则其天职亦愈高；受国民之期望愈重者，则其天职亦愈重。是报施之道

应然，不得以寻常人为比例而自诿者也。

——《敬告留学生诸君》

人之性质各不同，人之境遇各不同：我之所能，他人未必能；我之所宜，他人未必宜。而凡一团体之所以有力，必恃其中种种色色之人，莫不皆有各尽其才，各极其用；所谓同归而殊途，一致而百虑，善之大者也。但求同归，但求一致，不必以途之殊虑之百为病也。

——《敬告留学生诸君》

夫不平等者，人间世必然之现象也。虽无强制的组织，而其不平等之各分子，卒未尝灭；以不平等之现象为由强制而来，是倒果为因也。社会之有强制的组织，其性质原所以干涉社会中诸种不平等之关系；但其干涉也，时或以"人为淘汰"之作用，助长其不平等者，使益趋于不平等。虽未始无之，要其普通所行，则多以调和不平等而使之渐趋于平等，有断然也。今群多数之个人以立于社会，使无所谓强制的组织以临其上，则其间弱者之境遇，必更有不忍言者。何也？彼强者很伸其权力于无限，而强者遂无术以自存也。故夫有强制的组织，则个人之自由，虽不得不视前此而较狭；而在此狭范围内，能借强制之保障，使其自由之程度，视前此反更确实，利害正相低❶也。所谓以强制调和竞争者此也。

——《开明专制论》

凡属人类，皆有感情与辨理心之两者，我国民亦何独不然。若从感情方面而煽动之，以压倒其辨理心，则虽举国人而皆趋于种族革命一途可也；若从辨理心方面而浚发之以节制其感情，则虽举国人而皆趋于政治革命一途亦可也。而一国中其

---

❶ "相低"，当为"相抵"。——编者注

有中流以上之学识，而以言责自任者，则于此枢机之转捩，皆与有力焉。质言之：则自认以指导社会为天职者，即其对于指导方针之或得宜或失宜，而不可不负其责者也。更质言之：则一国之或兴或亡，此辈皆当科其功罪者也。

——《答某报第四号对于本报之政论》

人之在世也，有私的生活与公的生活。一生之利害，则由私的生活而生其观念者也。一种族之利害，一国家之利害，则皆由公的生活而生其观念者也。惟浅识者流，知有私的生活，而不知有公的生活；故常不肯以一身之利害，徇一种族一国家之利害。若其人而能知置重于一种族之利害之观念，与一国家利害之观念，则同属于公的生活之范围中者也。

——《杂答某报》

凡人类之心理，其骤接一理也，初念时所见最真；盖即此所谓良知也。及一转念时，私欲蔽之，往往得反对之判断。以后转念复转念，皆此两念交战，万起万落，如循环焉。而逮于究竟，能依其初念而行者，则为光明磊落之夫；卒依转念而行者，则为龌龊卑劣之子。

——《申论种族革命与政治革命之得失》

国之乱也，不必其敌军压境候骑烽火相属于路，民骚然相惊避也；不必其群雄割据，天下鼎沸，相糜烂而战也；不必其群盗满山，椎埋剽掠，率土之良不得安枕也。但使人人有不慊于其上不安于其职之心，则社会之秩序遂破，而乱象遂不可以收拾。民之为道也：才智相什，则卑下之；伯❶则畏惧之；千则役；万则仆；自然之符也。故在治世，其为十人长者，必其有长于十人者也；为百人长者；必其有以长于百人者也；为千

---

❶ "伯"，疑为"百"。——编者注

万亿兆人长者，必其有以长于千万亿兆人者也。夫必有以长于人然后长人，则居人上而不以为泰；人有所长于我然后长我，则为之下而不敢怨；社会之所以能大小相维，各率其职者，胥恃此也。

——《侥幸与秩序》

夫命与运常在不可知之数者也！彼命运能如是，安知吾命运不能如是？于是人人生非分之求，此侥幸心所由生也。吾先哲有言："自求多福，在我而已。"西哲亦言："人恒立于其所欲立之地。"此最鞭辟近理之言也。若夫迷信命运者则异是：以谓命运常能制我而非我所得自为也。于是乎委心以听诸制我者，则倚赖根性所由生也。倚赖人则常畏人；畏人则惟势利是视，而所以诌渎者无所不用其极，此寡廉鲜耻之风所由生也。

——《侥幸与秩序》

现象者何？事物之变化也。宇宙间之现象有二种：一曰为循环之状者；二曰为进化之状者。何谓循环？其进化有一定之时；期及期则周而复始，如四时之变迁，天体之运行是也。何谓进化？其变化有一定之次序，生长焉发达焉，如生物界及人间世之现象是也。循环者去而复来者也，止而不进者也；凡学问之属于此类者，谓之天然学。进化者，往而不反者也，进而无极者也；凡学问之属于此类者，谓之历史学。天下万事万物，皆在空间，又在时间；而天然界与历史界实分占两者之范围：天然学者，研究空间之现象者也；历史学者，研究时间之现象者也。

——《新史学》

夫人类亦不过一种之动物耳，其一生一死，固不免于循环；即其日用饮食言论行事，亦不过大略相等，而无进化之可言。故欲求进化之迹，必于人群，使人人析而独立，则进化终不可期而历史终不可起。盖人类进化云者，一群之进也，非一人之进也。

——《新史学》

一、哲理

有历史的人种，有非历史的人种；等是人种也。而历史的非历史的何以分焉？曰：能自结者为历史的，不能自结者为非历史的。何以故？能自结者则排人；不能自结者则排于人。排人者则能扩张本种以侵蚀他种，骎骎焉袭断世界历史之舞台；排于人者，则本种日以陵夷衰微，非惟不能扩张于外，而且渐灭于内，寻至失其历史上本有之地位，而舞台为他人所占，故夫叙述数千年来各种族盛衰兴亡之迹者，是历史之性质也；叙述数千年来各种族所以盛衰兴亡之故者，是历史之精神也。

——《新史学》

历史者何，叙人种之发达与其竞争而已。舍人种则无历史，何以故？历史生于人群，而人之所以能群，必其于内焉有所结，于外焉有所排，是即种界之所由起也。故始焉自结其家族以排他家族，继焉自结其乡族以排他乡族，继焉自结其部族以徘❶他部族，终焉自结其国族以排他国族。此实数千年世界历史经过之阶级，而今日则国族相结相排之时代也。夫群与群之互有所排也，非大同太平之象也。而无如排于外者不剧，则结于内者不牢；结于内者不牢，则其群终不可得合，而不能占一名誉之位置于历史上。以故世界日益进步，而种族之论，亦日益昌明。呜呼！后乎此者，其有种界尽破万国大同之郅治乎？吾不敢知。若在今日，则虽谓人种问题为全世界独一无二

---

❶ "徘"，当为"排"。——编者注

之问题，非过言也。

——《新史学》

老年人常思既往，少年人常思将来。惟思既往也，故生留恋之心；惟思将来也，故生希望之心。惟留恋也，故保守；惟希望也，故进取。惟保守故永旧，惟进取也故日新。惟思既往也，事事皆其所已经者，故惟知照例；惟思将来也，事事皆其所未经者，故常敢破格。老年人常多忧虑，少年人常好行乐；惟多忧也故灰心，惟行乐也故盛意。惟灰心也故怯懦，惟盛气也故豪壮，惟怯懦也，故苟且；惟豪壮也，故冒险。惟苟且也故能灭世界，惟冒险也故能造世界。老年人常厌事，少年人常喜事。惟厌事也，故常觉一切事无可为者；惟好事也，故常觉一切事无不可为者。

——《少年中国说》

独立有二义：一曰有自力而不倚赖他力；一曰有主权而不服从他权。然倚赖为因，服从为果。孩稚仰保姆之哺抱，故受其指挥，奴隶恃主人之豢养，故服其命令；孩稚奴隶二者皆未具人格者也。若夫完具人格之人，则不倚赖他人而可以自立，自不肯服从他人而可以自由；苟或侵辱其主权，则必奋起抗争，虽至糜首粉身，必不肯损辱丝毫之权利，以屈服于他人主权之下。此人道之所以尊贵，而国权之所由张盛也。

——《论中国国民之品格》

人者动物之能群者也。置身物竞之场，独力必不足以自立，则必互相提携，互相防卫，互相救恤，互相联合。分劳协力，联为团体以保治安。然团体之公益，与个人之私利，时相枘凿而不可得兼也，则不可不牺牲个人之私利，以保持团体之公益。然无法律以制裁之，无刑罚以驱迫之，惟持此公德之心

梁任公语粹

以维持此群治。故公德盛者，其群必盛；公德衰者，其群必衰。公德者，诚人类生存之基本哉！

——《论中国国民之品格》

过渡有广狭二义，就广义言之，则人间世无时无地而非过渡时代。人群进化，级级相嬗；譬如水流，前波后波，相继不断。故进步无止境，即过渡无已时；一日不过渡，则人类或几乎息矣！就狭义言之，则一群之中，常有停顿与过渡之二时代，互起互伏，波波相绩体，是为过渡相，各波具足体，是为停顿相。于停顿时代而膨胀力之现象显焉；于过渡时代，而发生力之现象显焉。

——《过渡时代论》

过渡时代者，希望之涌泉也，人间世所最难遇而可贵者。也有进步则有过渡，无过渡亦无进步。其在过渡以前，止于此岸，动机未发，其永静性何时始改，所难料也。其在过渡以后，达于彼岸，踌躇满志，其余勇可贾与否，亦难料也。

——《过渡时代论》

过渡者，改进之意义也。凡革新者，不能保持其旧形，犹进步者，必当掷弃其故步。欲上高楼，先离平地；欲适异国，先去故乡，此事势之最易明者也。虽然，保守恋旧者，人之恒心也；《传》曰："凡民可以乐成，难与图始。"故欲开一堂堂过渡之局面，其事真是不易。盖凡过渡之利益，为将来耳；然当过去已去将来未来之际，最为人生狼狈不堪之境遇。譬有千年老屋，非更新之，不可复居，然欲更新之，不可不先权弃其旧者。常旧者已破新者未成之顷，往往瓦砾狼藉，器物播散；其现象之苍凉，有十倍于从前焉。寻常人观目前之小害，不察后此之大利，或出死力以尼其进行，即一二稍有识者，或胆力不足，长虑却顾，而不敢轻于一发。此前古各国所以进步少而退步多也！

——《过渡时代论》

凡国民所贵乎过渡者，不徒在能去所厌离之旧界而已，而更在能达所希望之新界焉。故冒万险忍万辱而不辞，为其将来所得之幸福，足以相偿而有余也。故倡率国民以就此途者苟不为之，择一最良最合宜之归宿地，则其负国民也实甚。世界之政体有多途，国民之所宜亦有多途。天下事固有于理论上不可不行，而事实上万不可行者；亦有在他时他地可得极良之结果，而在此时此地反招不良之结果者。

——《过渡时代论》

天下之可恃者"我"耳！我有脑筋而自能思想，我有手足而自能运动操纵进退，皆一己自有主权。放弃其主权而不用，而乃望援求助于他人；我而不能自助，而谓他人乃能助我邪？且他人即能助我，则固他为主动而我为被动矣！成则他人之功，败亦他人之责；我乃被牵之傀儡，目虾之水母，傀然为他人一附属物，是世界中不啻无我之一人。无我一人，何足轻重；然使他人而亦复如我，则国事亦复何望耶？

——《论独立》

服从者，天下最恶之名词，而为国民必不可有之性质者也。服从者，亦天下最美之名词，而为国民必不可缺之性质者也。

——《服从释义》

夫真爱自由者，未有不真能服从者也。人者固非可孤立生存于世界也，必有群然后人格始能立，亦必有法然后群治始能完。而法者，非得群内人人之服从，则其法终虚悬而无实效。

惟必人人尊奉其法，人人尊重其群，各割其私人一部分之自由，贡献于团体之中，以为全体自由之保障。然后团体之自由始张，然后个人之自由始固。然则服从者自由之母；真爱自由者，固未有不真能服从者也。

——《服从释疑》

欲维持国家之秩序，必以服从法律为第一义；欲保护个人之自由，亦必以服从法律为第一义。盖法律者所以画自由之界限，裁抑强者之专横，即伸张弱者之权利。务使人人皆立于平等，不令一人屈服于他人者也。然法律者，纸上之空文，必得众人之服从，然后始生效力。文明之人，知我有服从法律之义务也，则莫不强自制裁，置其身于规律之内，乃至一举一动，一言一事，皆若有监督而命令之者，懔懔然不敢少越其范。围自其表面观之，则其尺步绳趋，以视野蛮人之汗漫恣睢，岂不反增束缚者？然而文明之人，终不以彼易此者，盖深知法律者人群之保障，故宁绌其一部之自由，以护其全体之自由也。

——《服从释疑》

人能自拔于腐败风气之外，毅然思所以易之，则其人必杰出于常人者也！其人既杰出于常人，则必有驰骤纵横不可羁勒之雄心，必有天上地下惟我独尊之盛气。必不肯依傍门户，拘规守律，屈己见而就人范围。然所贵乎豪杰者，非谓其有桀骜骁鸷之才，足以推倒他人，归然独雄于群上也；固谓其能谋团体之幸福，以一群之公益为自的也！

——《服从释疑》

人之欲自立也，则具备常识，其最要矣。为国民之一分子，而于国中必需之常识不能具备，则无以自存于其国。为世界人类一分子，而于世界上必需之常识不能具备，则无以自存于世界。若此者，有劣败以归于淘汰已耳！盖今日所谓常识者，大率皆由中外古今无数伟人哲士几经研究，几经阅历，几经失败，乃始发明此至简易、至确实之原理、原则，以贻我后人率而循之，虽不中不远也。而吾既于各种现象。皆略识其最要之原理原则，则思虑通达，目光四射，后此随时随地，遇有新发生之现象，或相同者，或相反者，或相近似者，皆得有所凭借以下判断。而所判断者不至大误，此常识之用也。

——《说常识》

思想者，事实之母也。欲建造何等之事实，必先养成何等之思想。

——《国家思想变迁异同论》

人非群则不能使内界发达，人非群则不能与外界竞争。故一面为独立自营之个人，一面为通力合作之群体，此天演之公例，不得不然者也。既为群矣，则一群之务，不可不共任其责固也！

——《论政府与人民之权限》

幸福生于权利，权利生于智慧。故诗曰："自求多福。"幸福者，必自求之而自得之，非他人之所得而畀也。一群之人，其有智慧者少数，则其享幸福者少数；其有智慧者多数，则其享幸福者多数；其有智慧者最大多数，则其享幸福者亦最大多数。其比例殆有一定，而丝毫不能差忒者。

——《政治学学理摭言》

天下事责任所在，即权力所在也。欲保持权力，其行莫妙于多负责任；凡放弃其固有之责任者，实则将其固有之权力退让与人已耳！

——《宪政浅说》

凡人类皆自有其意思焉，自有其行为焉。自然人有然，法人亦有然。顾自然人之意思行为，自发表而自执行之，其事至易；法人之意思行为，因其无生理上之性质也，故不能自发表自执行，而不得不假诸机关。

——《中国国会制度私议》

物竞天择一语，今世稍有新智识者，类能言之矣。曰"优胜劣败"，曰"适者生存"，此其事似属于自然，谓为命之范围可也。虽然，若何而自勉为优者适者，以求免于劣败淘汰之数，此则纯其力之范围，于命丝毫无与者也。

——《子墨子学说》

卢梭曰：保持己之自由权，是人生一大责任也。凡号称为人则不可不尽此责任。盖自由权之为物，非仅如铠胄之属，借以蔽身，可以任意自披之而自脱之也。若脱自由权而弃之，则是我弃我而不自有云尔。何也？自由者，凡百权理之本也，凡百责任之原也；责任固不可弃，权利亦不可损，而况其本原之自由权哉？

——《卢梭学案》

凡遇物皆疑之，而其中必有不容疑之一物存，曰我相是也。当其怀疑也，而心口相商曰："我疑之。"疑之者谁？我也。知我之疑者谁？亦我也。疑也者，思想之一端也；我自知我之思想，而当我思想之之时，即我自知我思想之时。我与思想为一体，此天下之最可信凭而为万理鹄者也。

——《近世文明初祖二大学家》

夫所谓适者生存，非徒其本体之生存而已，必以己之所以优所以胜之智若力，传之于其子，子又传诸其孙；如是久而久之，其所特有之奇材异能，益为他物之所不能及。于是其当初

一、哲理

偶然所得之能力，遂变而为一定之材性，驯致别为一种族而后已焉。此种之变迁所由起也。

——《天演学初祖达尔文之学说及其略传》

自然淘汰者，谓生物虽恃其繁殖力，可以生存；然以其所产太多之故，不得不竞争。竞争之结果，于是大部分归于灭亡，而生存者不过一小部分。当其竞争之际，各生物皆有自变化之能力；其变化虽小，而一以适于境遇为主。于是优而适者独存，遗其种于后，一切生物，依此公例。经无量世无量劫，以至今日，其间所经过之境遇，至复至杂。故其身体之组织，心智之机能，亦随之以日趋复杂。一言蔽之，则一切生物，皆常受外界之牵动，而屡变其现在之形态而已！

——《进化论革命者颉德之学说》

自然淘汰既以未来为目的故，生物既全为未来而存立故，故凡为未来而多所贡献者，高等生物也；反是者下等也，代未来而多负责任者，高等生物也；反是者下等也，故勤劳于为未来者，则为优为胜；怠逸于为未来者，则为劣为败，不见夫动物乎？最下等者，产卵则放任之不复顾，故其卵及其幼儿之大多数，皆常灭亡。稍进至鸟类，则孵化其卵而复养育之；更进至哺乳动物，则养育其儿之劳愈多，而在生物界愈占高等之位置。——物既有之人亦宜然。

——《进化论革命者颉德之学说》

视听考察两作用，能整理事物之纷扰，定其次序，使之由复杂以渐入于单纯；虽然，犹未能齐万而为一，置之于最高最简之域也。于是吾人之智慧，更有一高尚之作用，名之曰推想力。以是力故，故我智慧能举一切而统属之于其本原。

——《近世第一大哲康德之学说》

梁任公语粹

夫吾之不进，而其自退固已不能免矣！况吾日退而有他人之进焉者抵其隙而入之；而彼之相进相迫者，又出于其自保之势所不得不然。进也无穷，迫也无穷；则其过此以往，日蹙之率，又岂待巧算而决耶？夫蹙之云者，不徒在生计而已；所以资生者日蹙，则其生自不得不蹙。

——《生计学学说沿革小史》

新民云者，非欲吾民群弃其旧以从人也。新之义有二：一曰淬厉其所本有而新之；二曰采补其所本无而新之。二者缺一，时乃无功。先哲之立教也，不外因材而笃与变化气质之两途：斯即吾淬厉所固有采补所本无之说也。一人如是，众民亦然。

——《新民说》

世界上万事之现象，不外两大主义：一曰保守，二曰进取。人之运用此二主义者，或遍取甲，或遍取乙，或两者并起而相冲突，或两者并存而相调和偏取其一，未有能立者也！有冲突必有调和；冲突者，调和之先驱也！

——《新民说》

公德者何？人群之所以为群，国家之所以为国，赖此德焉以成立者也！人也者，善群之动物也；人而不群，禽兽奚择？而非徒空言高论曰群之群之，而遂能有功者也！必有一物质而联络之，然后群之实乃举。若此者谓之公德。

——《新民说》

道德之本体一而已；但其发表于外，则公私之名立焉。人人独善其身者谓之私德，人人相善其群者谓之公德；二者皆人生所不可缺之具也！无私德则不能立，合无量数卑污虚伪残忍愚懦之人，无以为国也。无公德则不能团，虽有无量数束身自好廉谨良愿之人，仍无以为国也。

——《新民说》

今夫人之生息于一群也，安享其本群之权利，即有当尽于其本群之义务；苟不尔者，则直为群之蠹而已。彼持束身寡过主义者，以为吾虽无益于群，亦无害于群；庸讵之无益之即为害乎？何则？群有以益我，而我无以益群，是我逋群之负而不偿也！夫一私人与他私人交涉，而逋其所应偿之负，于私德必为罪矣，谓其害之将及于他人也，而逋群负者，乃反得冒善人之名何也？使一群之人，皆相率而逋焉，彼一群之血本，能有几何？而此无穷之债客，日夜蠹蚀之而瓜分之，有消耗无增补何可长也！然则其群必为逋负者所拽倒，与私人之受累者同一结果，此理势之所必然也。

——《新民说》

道德之立，所以利群也。故因其群文野之差等，而其所适宜之道德，亦往往不同；而要之以能固其群善其群进其群者为归。

——《新民说》

公德者，诸德之源也。有益于群者为善，无益于群者为恶：此理放诸四海而皆准，俟诸百世而不惑者也。至其道德之外形，则随其群之进步以为比例差。群之文野不同，则其所以为利益者不同，而其所以为道德者亦自不同；德也者，非一成而不变者也！

——《新民说》

夫竞争者，文明之母也！竞争一日停，则文明之进步立止。由一人之竞争而为一家，由一家而为一乡族，由一乡族而为一国。一国者，团体之最大圈，而竞争之最高潮也！若曰并国界而破之，无论其事之不可成；即成矣，而竞争绝，毋乃文明亦与之俱绝乎？况人之性非能终无竞争者也！

——《新民说》

凡人生莫不有两世界：其在空间者曰"实迹界"，曰"理想界"；其在时间者曰"现在界"，曰"未来界"。实迹与现在，实于行为理想与未来，属于希望。而现在所行之实迹，即为前此所怀理想之发表；而现在所怀之理想，又为将来所行实迹之券符。然则实迹者，理想之子孙；未来者，现在之父母也！故人类所以胜于禽兽，文明人所以胜于野蛮，惟有希望故，有理想故，有未来故。

——《新民说》

人人对于人而有当尽之责任，人人对于我而有当尽之责任。对人而不尽责任者，谓之间接以害群；对我而不尽责任者，谓之直接以害群。何也？对人而不尽责任，譬之则杀人也；对我而不尽责任，譬之则自杀也。一人自杀，则群中少一人；举一群之人而皆自杀，则不啻其群之自杀也。

——《新民说》

我对我之责任奈何？天生物而赋之以自捍自保之良能，此有血气者之公例也。而人之所以贵于万物者，则以其不徒有形而下之生存，而更有形而上之生存。形而上之生存，其条件不一端，而权利其最要也！故禽兽以保生命为对我独一无二之责任；而号称人类者，则以保生命保权利两者相倚，然后此责任乃完；苟不尔者，则忽丧其所以为人之资格，而与禽兽立于同等之地位。

——《新民说》

权利何自生？曰生于强。彼狮虎之对于群兽也，酋长国王之对百姓也，贵族之对平民也，男子之对女子也，大群之对于小群也，雄国之对于屡国也，皆常占优等绝对之权利。非狮虎酋长等之暴恶也，人人欲伸张己之权利而无所厌，天然性也。是故权利之为物，必有甲焉先放弃之，然后乙焉能侵入之；人人务自强以自保吾权，此实固其群善其群之不二法门也。

——《新民说》

大抵中国善言仁，泰西善言义。仁者人也，我利人，人亦利我，是所重者常在人也。义者我也，我不害人，而亦不许人之害我，是所重者常在我也。此二德果孰为至乎？在千万年后，大同太平之世界，吾不敢言；若在今日，则义也者，诚救时之至德要道哉。夫出吾仁以仁人者，虽非侵人自由，而待仁于人者，则是放弃自由也。仁焉者多，则待仁于于人者亦必多，其弊可以使人格日趋于卑下。若是乎仁政者，非政体之至焉者也。

——《新民说》

自由之界说曰：人人自由，而以不侵人之自由为界。夫既不许侵人自由，则其不自由亦甚矣，而顾谓此为自由之极则者何也？自由云者，团体之自由，非个人之自由也！野蛮时代，个人之自由胜，而团体之自由亡；文明时代，团体之自由强，而个人之自由灭：斯二者盖有一定之比例，而分毫不容忒者焉。使其以个人之自由为自由也，则天下享自由之福者，宜莫今日之中国人若也。

——《新民说》

人以一身立于物竞界，凡境遇之围绕吾旁者，皆日夜与吾相为斗而未尝息者也。故战境遇而胜之者则立，不战而为境遇所压者则亡；若是者亦名曰天行之奴隶。天行之虐，逞于一群

梁任公语粹

者有然，逼于一人者亦有然。

——《新民说》

凡有过人之才者，必有过人之欲。有过人之才，有过人之欲，而无过人之道德心以自主之，则其才正为其欲之奴隶，曾几何时，而销磨尽矣！

——《新民说》

天生人而赋之以权利，且赋之以扩充此权利之智识，保护此权利之能力；故听民之自由焉，自治焉，则群治必蒸蒸日上。有桎梏之戕贼之者，始焉窒其生机，继焉失其本性，而人道乃几乎息矣。

——《新民说》

凡自尊者，必自任。一群之人芸芸也，而于其中有独为群内之所崇拜者，此必非可以力争而术取也，必其所负于本群之责独重，而其任之也独劳，则众人之所以酬之者，自不期然而然莫之致而至。其自任也，非欲人之尊我而以此为钓也，彼实自认其天职之不可以不尽；苟不尔者，则为自贬，为自污，为自弃，为道义上之自鬻，为精神上之自戕，是故逾自尊者逾自任，逾自任者逾自尊。

——《新民说》

凡人之所以不得不群者，以一身之所需求所欲望，非独力所能给也！以一身之所苦痛所急难，非独力所能捍也。于是乎必相引相倚，然后可以自存，若此者谓之公共观念。公共观念者，不学而知，不虑而能者也；而天演界之优劣，即视此观念之强弱以为差。

——《新民说》

公观念与私观念，常不能无矛盾；而私益之小者近者，往往为公益之大者远者之蟊贼也！故真有公共观念者，常不惜牺牲其私益之一部分，以拥护公益；其甚者或乃牺牲其现在私益之全部分，以拥护未来公益。非拂性也，盖深知夫处此物竞天择界，欲以人治胜天行，舍此术末由也！

——《新民说》

凡群之成，必以对待。苟对于外而无竞争，则群之精神与形式皆无所著；此人类之常情，无所容讳者也。故群也者，实以为我兼爱之两异性，相和合而结构；有我见而自私焉，非必群之害也。虽然，一人与一人交涉，则内吾身而外他人，是之谓一身之我。此群与彼群交涉，则内吾群而外他群，是之谓一群之我。同是我也，而有大我小我之别焉。有我则必有我之友与我之敌。既曰群矣，则群中皆吾友也。故善为群者，既认有一群外之公敌，则必不认有一群内之私敌。

——《新民说》

人治者常与天行相搏，为不断之竞争者也。天行之为物，往往与人类期望相背，故其反抗力至大且剧；而人类向上进步之美性，又必非可以现在之地位而自安也。于是乎人之一生，如以数十年行舟于逆水中，无一日而可以息；又不徒一人为然也，大而至于一民族，更大而至于全世界，皆循兹轨道而日孜孜者也。其希望愈远，其志事愈大者，其所遭拂戾之境遇必愈众。

——《新民说》

人不可无希望，然希望常与失望相倚；至于失望，而心盖死矣。养其希望勿使失者，厥惟毅力。故志不足恃，气不足恃，才不足恃，惟毅力为足恃。

——《新民说》

天下惟不办事者，立于全败之地；而真办事者，固必立于不败之地也。故吾尝谓毅力有二种：一曰"兢惕于成败"，而竭全力以赴之，鼓余勇以继之者刚毅之谓也；二曰"解脱于成败"，而尽天职以任之，献生命以殉之者，沈毅之谓也。

——《新民说》

义务与权利对待者也。人人生而有应得之权利，即人人生而有应尽之义务，二者其量适相。均其在野蛮之世，彼有权利无义务有义务无权利之人，盖有焉矣；然此其不正者也。不正者固不可以久。苟世界渐趋于文明，则断无无权利之义务，亦断无无义务之权利。惟无无权利之义务也，故尽瘁焉者不必有所惧；惟无无义务之权利也，故自逸焉者不必有所歆。

——《新民说》

夫不正之权利义务，而不可久者何也？物竞天择之公理，不许尔尔也！权利何自起？起于胜而被择。胜何自起？起于竞而获优。优者何？亦其所尽义务之分量有以轶于常人耳！

——《新民说》

天下无往非难境，惟有胆力者无难境；天下无往非畏途，惟有胆力者无畏途。天岂必除此难境畏途以独私之哉？人间世一切之境界，无非人心所自造；我自以为难以为畏，则其心先馁，其气先慑，斯外境得乘其虚而窘之。若悍然不顾，其气足以相胜，则置之死地而后生，置之亡地而后存。

——《新民说》

夫所谓公德云者，就其本体言之，谓一团体中人公共之德性也。就其构成此本体之作用言之，谓个人对于本团体公共观念所发之德性也。

——《新民说》

天下必先有理论，然后有实事；理论者，实事之母也。凡理论，皆所以造实事；虽高尚如宗教家之理论，渊远如哲学家之理论，其目的之结果，要在改良人格，增上人道，无一非为实事计者。而自余政治家言，法律家言，群学家言，生计家言，更无论矣。故理论而无益于实事者，不得谓之真理论。

——《新民说》

独立者何？不藉他力之扶助，而屹然自立于世界者也。人而不能独立，时曰"奴隶"，于民法上不认为公民；国而不能独立，时曰"附庸"，于公法上不认为公国。嗟乎！独立之不可以已如是也。

——《国民十大元气论》

野蛮时代所谓道德者，其旨趣甚简单，而常不兼容；文明时代所谓道德者，其性质甚繁杂而各呈其用。而吾人所最当研究而受用者，则凡百之道德，皆有一种妙相：即自形质上观之，划然立于反对之两端；自精神上观之，纯然出于同体之一贯者。

——《国民十大元气论》

"独""与""群"，对待之名词也。人人断绝倚赖，是倚群毋乃可耻；常绌身而就群，是主独无乃可。差以此间隙，遂有误解者与记右者之二派出焉；其老朽腐败者，以和光同尘为合群之不二法门，驯至尽弃其独立，阉然以媚于世。其年少气锐者，避奴隶之徽号，乃专以尽排侪辈惟我独尊为主义。由前之说是合群为独立之贼；由后之说，是独立为合群之贼。

——《国民十大元气论》

自由者，权利之表证也。凡人所以为人者有二大要件：一曰生命，二曰权利。二者缺一，时乃非人；故自由者亦精神界之生命也。

——《十种德性相反相成义》

天下人固有识想与议论，过绝寻常，而所行事不能有益于大局者，其自信力不足者也。有初时持一宗旨，任一事业，及为外界毁誉之所刺激，或半途变更废止不能达其目的者，必其自信力不足者也。

——《十种德性相反相成义》

天下豪杰之士，每喜创新事业；而中人以下，每甘追逐风气。天下豪杰少而中人多，当每一事业之初创也，必获厚实于群；无量之人相率而追逐之，不知此业实不能容此无量之人，乃不能不争贬其价值以相竞，于是其势必立蹶。而他种事业，因为众人所不趋，必至缺乏，值乃骤进。此上极反贱，下极反贵所以然之故，其理甚浅；而治生家往往不能察者，因其上极下极之界至难定，间有未极而指为已极者，亦有已极而拟为未极者；苟非善观时变，则易生迷惑也。

——《史记·货殖列传今义》

先王之为，天下也公，故务治事；后世之为天下也私，故务防弊。务治事者，虽不免小弊，而利之所存，恒足以相掩，务防弊者，一弊未弭，百弊已起；如葺漏屋，愈葺愈漏；如补破衲，愈补愈破。务治事者，用得其人则治，不得其人则乱；务防弊者，用不得其人而弊滋多，即用得其人，而事亦不治。

——《论中国积弱由于防弊》

凡改革之事，必除旧与布新，两者之用力相等，然后可有效也。苟不务除旧而言布新，其势必将旧政之积弊，悉移而纳于新政之中，而新政反增其害矣。

——《政变原因答客难》

一、哲理

二、政　治

　　具体的政治条件，是受时间、空间限制的；抽象的政治原则，是不受时间空间限制的。

　　　　　　——《学术演讲集》，第二辑第二页，《先秦政治思想》

　　政治学是要发明政治原则，再从原则上演绎出条件来。

　　　　　　　　　　　　　　——同上，第二辑第二页

　　政治是国民心理的写照：无论何种形式的政治，总是国民心理积极或消极的表演。

　　　　　　　　　　　　　　——同上，第二辑第二页

　　研究政治，最要紧的是研究国民心理；要改革政治，根本要改革国民心理。

　　　　　　　　　　　　　　——同上，第二辑第二页

　　中国人深信宇宙间有一定的自然法则，把这些法则适用到政治，便是最圆满的理想政治。

　　　　　　　　　　　　　　——同上，第二辑第七页

　　中国人很知民众政治之必要，但从没有想出个方法叫民众自身执行政治。

　　　　　　　　　　　　　　——同上，第二辑第十六页

欲贯彻人治主义，非国中大多数人变成贤人不可。儒家的礼治主义，目的就在救济这一点。

——同上，第二辑第三十八页

政治不过团体生活所表演各种方式中之一种，所谓学政治生活，其实不外学团体生活。

——同上，第二辑第七十七页，《教育与政治》

凡民主政治的国家，总要建设在国民意识之上。

——同上，第三辑第二十三页，
《市民的群众运动之意义及价值》

市民的群众运动，就是表示国民意识的最好方法。

——同上，第三辑第二十三页

唤起国民意识的方法虽然很多，内中最猛烈而最普遍的，莫过于市民的群众运动。

——同上，第三辑第二十五页

政治轨道，是要把政治建设在国民意识之上。

——同上，第三辑第二十八页

政治权方的来源，完全是秘密的，不是公开的。

——同上，第三辑第二十八页

无论何种运动，都要多培实力，少作空谈。

——同上，第三辑第八十八页，《人权与女权》

凡国体之由甲种而变为乙种，或由乙种而复变为甲种，其驱运而旋转之者，恒存乎政治以外之势力。

——《盾鼻集论文类》，第二页，《异哉所谓国体问题者》

当国体彷徨歧路之时，政治之一大部分恒呈中止之状态，殆无复政象之可言。

——《盾鼻集论文类》，第二页，《异哉所谓国体问题者》

常在现行国体基础之上而谋政体政象之改进，此即政治家唯一之天职也。

——同上，《论文类》，第二页

在甲种国体之下为政治活动，在乙种反对国体之下仍为同样之政治活动，此不足成为政治家节操之问题。

——同上，《论文类》，第二页

牺牲其平日政治上之主张，以售易一时政治上之地位，斯则成为政治家之节操问题。

——同上，《论文类》，第二页

国体本无绝对的美，而惟以已成之事实为其成立存在之根原。

——同上，《论文类》，第三页

于国体挟一爱憎之见，而以人为的造成事实，以求与其爱憎相应；则祸害之中，于国家将无已时。

——同上，《论文类》，第三页

君主之为物，原赖历史习俗上一种似魔非魔之观念，以保存其尊严；此种尊严，自能于无形中发生一种效力。

——同上，《论文类》，第十五页

自古君主国体之国，其人民之对于君主，恒视为一种神圣；于其地位，不敢妄生言思拟议。若经一度共和之后，此种观念遂如断者之不可复续。

——同上，《论文类》，第十五页

变更政体，则进化的现象也；而变更国体，则革命的现象也。进化之轨道，恒继之以进化；而革命之轨道，恒继之以革命。

——同上，《论文类》，第二十页

生息于恶政治之下，窒其本能，梏其发展，以有今日；及今努力拔此病根，安见种种忧虞不遂迎刃而解？

——《盾鼻集论文类》，第五十页，《在军中敬告国人》

国家能否立宪，惟当以两条件为前提：其一，问军人能否不干预政治；其二，问善良之政党能否成立。

——《盾鼻集论文类》，第五十三页，《辟复辟论》

凡政治之作用，当许容异种之势力，同时并存；且使各得相当合法之发展机会，此不磨之原则也。

——《盾鼻集论文类附录·与报馆记者谈话一》

政府以外，别设一合议机关，使参与重要行政方针，原属一种良好之作用；但其法律上拘束行政之力，不可太强。

——《盾鼻集论文附录七》，

第三页，《与报馆记者谈话二》

一时政象之不良，惟当以政治手段救济之。宪法之职任，在予政治以永久可循之常轨；若头痛炙头，脚痛医脚，非惟不能收救济之实效，必缘此而他方面别生弊害。

——《盾鼻集论文类附录》，

第七十五页，《与报馆记者谈话三》

过渡时代种种混沌棼泯之现象，实由受国外物质上、精神上之变迁刺激，社会骤呈异状；而固有传来之条教，渐失其范围持载之力。

——同上，《论文类》，第八十七页，《五年来之教训》

竞争必须有轨道有范围：一面力求自力之伸张，一面仍许容他力之存在。

——《盾鼻集论文类》，第八十八页，《五年来之教训》

吾侪知凡身任国事，而以个人之利害或一党派之利害为本位者，其结果必失败。能使吾侪知权术之为物，决不足以驭人，而惟足以自毙。

——《盾鼻集论文类》，第九十页，《五年来之教训》

我国将来政治上各省自治基础确立后，应各就其特性，于学术上择一二种为主干；例如某省人最宜于科学，某省人最宜于文学美术，皆特别注重，求为充量之发展。必如是然后能为本国文化、世界文化作充量之贡献。

——同上，第一八二页

墨子注重"人为"，以为天下事没有委心任运做得好的。所以他主张干涉主义，主张贤人政治。

——《墨子学案》，第八页

夫共和必与立宪相缘；而立宪政治所以能维持，专赖全国人民皆关心国事，皆尽力国事。——尤须常识日渐增加，公德日渐发达。

——《国民浅训》，第五页

立宪者，以宪法规定国家之组织，及各机关之权限，与夫人民之权利义务，而全国上下共守之，以为治者也。

——同上，第五页

国会之权限，亦各国不同；惟有三种权能万不可缺者：一曰议决法律；二曰监理财政；三曰纠责政府。但使国家能有良好之国会，而国会能公平以行此三项权能，则立宪之实可举，而共和之基可固矣。

——同上，第六页

立宪国政治之特色，在中央则为国会，在地方则为自治；而自治尤为亲切有味。

——同上，第八页

真正之自治，必须不加官力，纯由人民自动；其实此事本出于人性之自然。

——同上，第九页

国家之颁行自治制度，不过代为拟一妥善之办事章程：教以欲办一事用何法议决；议决之后，用何法执行；办事之费，用何法稽核，何法筹措。如斯而已。

——同上，第十页

人民既责望政府替我等兴利除害；然政府必须实知国中情形，知利与害之所在，然后能兴之除之，则调查其最要矣。

——同上，第十八页

不谋自立而务排人，无论对内对外，皆无当也。平恕待人，而刻厉求己，此则大国民之器度也已。

——同上，第二十一页

吾愿国中老辈，知自由平等虽非尽惬于中庸之道，然在德性中能各明其义，在政治上尤足以为民干城；切不可妄肆訞谍，使枭雄之辈，利用此等心理以摧锄民气。

——同上，第二十四页

吾又愿国中少年，知自由平等之功用，什九当求诸政治。政治以外之事，不能动引此为护符；即其功用之现于政治者，亦不过谓人人于法律内享有自由。法律之下人人皆平等，而断不容更越此界以作别种之解释。

——同上，第二十四页

政府只能提絜大纲，导民于进取之途；其实际着手进取，则须我民自为之。然非有公德，非有常识，何能立于今日生计竞争之世界而操胜算。

——同上，第三十页

二、政治

以数千年绝少变化之政治现象，其中且充满以机诈黑暗，学生学之，徒增长保守性或其他恶德，与民治主义之教育适相背驰。

——同上，第七十卷第十页，
《中国国史教本改造案并目录》

政治上的兴味和责任心自然发生，爱国是不待人教的。

——同上，第七十二卷第二十六页，
《欧游心影录节录》

因一时政治上的利害冲突，连学问上也生出偏好偏恶来，真是人类的普通弱点。

——同上，第七十四卷第十六页

政治运动之事业，绝不当以目前之急功近效为程期。

——同上，第二十二页，《时事杂论》

群众运动，消极的挽救，决不如积极的主张之为有力也。抽象的理论，决不如具体的方案之为有力也。此各国国民运动史，所以必以改宪立法诸运动为其中坚也。

——同上，第二十三页

政治运动者，国民中一部份❶，为保存国家及发展国家起见，怀抱一种理想，对于政治现象或全体或局部的感觉不满足；乃用公开的形式，联合多数人续继协同动作，从事于宣传与实行，以求贯澈❷政治改革或政治革命之公共同的所采之一种手段也。

——同上，第二十七页

凡以个人权利之观念为动机，如现在官僚所谓运动者，不

---

❶ "一部份"，当为"一部分"。——编者注
❷ "贯澈"，当为"贯彻"。——编者注

得冒称政治运动。何也？以其与国家公共目的无关故。

——同上，第二十七页

一时感情的冲动旋起旋灭者，虽其动机关于政治，仍不得遂称为政治运动。何以故？以其无继续性故，不求贯彻故。

——同上，第二十八页

凡百政制皆经一度或数度极热烈之国民运动而来。一政制之成立也，国民皆了解其意义，故其运用之也甚娴；且其得之也甚艰，故其珍护而保持之也甚力。

——同上，第二十八页

对外运动，在各国政治动动❶史上，原不失为一重要之位置。但其运动之有效，不出二途：一，政府已确立一种对外政策，而国民为之后援。二，国民不满意于现政府之对外政策，易一政府，而新政策可实现。质而言之，必以政治修明政府可用为前提，然后对外乃有可言。我国始终缺此前提，故对外运动，无论若何❷热诚激烈，皆以失败终了。

——同上，第二十九页

由多数人识力幼稚于具体一事件之利害，尚或能理解。至于抽象的利害及各事件间相互之因果关系，非用稍繁复之推论，不能说明群众对之，已不甚亲切有味。又因交通未大通，社会组织不完，人与人、地方与地方间相互之密度，不能如他国黏切固结。故多数人对于全国公共问题，以视一地方一局部之问题，其感觉力较钝。

——同上，第二十九页

---

❶ "政治动动"，当为"政治运动"。——编者注
❷ "若何"，当为"如何"。——编者注

二、政治

从具体的局部事项入手，使人人直接感功身利害诚不失为运动之一良法。但天下事大抵非根本问题解决，则枝叶问题无从解决，而根本一旦解决，则枝叶往往迎刃而解。今专从枝叶下手，无论什有九不能得结果，即有所得，亦殊不彻底。而凡一运动之成功，皆须出极大代价，狮子搏虎搏兔，用力等耳。一国中有热心毅力能为运动中坚者，其人本自不多，其日力精力亦正有限。枝叶问题所耗太多，根本问题必至闲却。且枝叶问题，层出不穷，日日应付，运动屡起，能使国民厌倦，减其效力。故此种运动，虽慰情胜无，吾总认为不经济的运动。

——同上，第二十九页

政治运动之所以可贵，以其经一次运动成功后，而当时国民所悬以为鹄之政治理想，则违犯此法律之罪恶，自无从发生，一发即法律之制裁随乎其后。为肃清政弊起见，此实拔本塞源之计。至法律效力之强弱，实以国民拥护法律力之强弱为衡。经运动而得之法律，其拥护之力必强，否则必弱。故立法的运动，在各种运动中，收效最丰而植基最固。

——同上，第三十页

凡言论集会不能自由之国，决无政治运动之可言。

——同上，第三十一页

多数人智识幼稚，对于稍复杂之政治问题，便苦难理解。若欲运动普及，除非专诉诸感情的冲动——如对外问题、对人问题之类。虽然，此等非政治运动之根本义，若专从此等事着手，断不能彻底，不能进步，且运动所起次数愈多愈使国民厌倦。

——同上，第三十一页

今日之中国，实不宜轻言政治运动，须从文化运动、生计运动、社会改良运动上筑一基础，而次乃及于政治。

——同上，第三十一页

在黑暗政治之下，无论何种国民事业，皆不能进行。例如言论、集会、出版等既不获自由，则不独政治运动无可言。即文化运动，亦受莫大之障碍，决不能顺应时势以发展。而欲求得此自由，且确实拥护此自由，则非经一度或数度极壮烈、极惨淡的奋斗运动不可。此种运动，即政治运动也。

——同上，第三十一页

政治运动者，乃向久病麻痹之国民，加以药针注射的疗治。

——同上，第三十一页

国民无政治常识无政治兴味，则真政治运动不能实现也。然又非经若干度之政治运动以后，则常识与兴味末由增进。两者因果相属若循环然。若必待时机成熟乃开始运动，恐所谓成熟者，永无其期。

——同上，第三十一页

欲共和基础巩固，欲国民事业发展，总以养成国民协同动作之习惯为第一义。欲养此习惯，自然当多为其途，然大规模的协同动作，实以政治运动为最。故每经一度运动，不独国民自觉心增进一步，即国民自治力亦增进一度。

——同上，第三十一页

今日之中国，是否当以政治运动为主要的国民运动，吾不敢言；是否能以政治运动为主要的国民运动，吾亦不敢言。虽然，吾以为最少亦须以下列两种目的，为过渡时代的政治运动：第一，为排除文化运动、社会运动种种障碍起见，以辅助

二、政治

的意味行政治运动。第二，为将来有效的政治运动作预备工夫起见，以教育的意味行政治运动。

——同上，第三十二页

政治这样东西，不是一件矿物，也不是一个鬼神；离却人没有政治，造政治的横竖不过是人。所以人民于政治，要他好了便好了，随他坏了便坏了。须知十年来的坏政治，大半是由人民纵坏。今日若要好政治，第一是要人民确然信得过自己有转移政治的力量；第二是人民肯把这分力量拿出来用。

——同上，第七十六卷第八页，
《辛亥革命之意义与十年双十节之乐观》

我奉劝全国中优秀分子，要从新有一种觉悟："国家是我的，政治是和我的生活有关系的；谈，我是要谈定了，管，我是要管定了！"多数好人都谈政治，都管政治，那坏人自然没有站脚的地方。再申说一句，只要实业界、教育界有严重监督政治的决心，断不愁政治没有清明之日。

——同上，第九页

每经一次阶级斗争，那政治便一次从少数人手里解放到多数人手里。如是，由少数而多数，而大多数而最大多数而全体，便是政治的极轨，也是政治进化一定的程序。

——同上，第十七页，《无枪阶级对有枪阶级》

统治阶级权力虽大，离却被治阶级却也活不成。强者能够制弱者死命的只有一件，弱者能够制强者死命的倒有几十件哩。只要弱者能有团结的运动，至弱便变成至强。

——同上，第二十四页，《外文软内政软》

共和政治的上台，全在国民；非国民经过一番大觉悟大努

梁任公语粹

力，这种政治万万不会发生，非继续的觉悟力，这种政治万万不会维持。

——同上，第二十五页

怎么才愿意管政治呢？是要靠国民运动来表示。怎么才能够管政治呢？要靠国民运动来争得这权利。怎么才会管政治呢？是要靠国民运动来练习这技能。简单说一句，国民运动便是共和政治唯一的生命，没有运动，便没有生命了。

——同上，第二十五页

运动的最大作用，是把各种问题大锣大鼓的抬出来，放在公众面前，聒噪得大家耳根不得清净。初时那些浑浑沌沌什么事都会答个"不成问题"的人，你向他聒噪得几次，他脑筋里也渐渐成了问题了。

——同上，第二十六页

凡一个问题经过一度群众运动之后，那问题自然会成"通俗化"。

——同上，第二十六页

国民运动的作用。第一步，是把向来不成问题的事项渐渐都变成了问题。第二步，是把向来少数人注意、了解的问题，叫多数人都注意、都了解。这便是政治智识普及国民的唯一快捷方式。

——同上，第二十六页

国民运动，是由少数弱者的自觉，唤起多数的自觉，由少数弱者的努力，拢成多数的努力。自觉力的结果，强者阶级必然降服，弱者阶级定然后解放。

——同上，第二十七页

国民运动是拿很松、很宽、很暂的团聚试行协同动作。做过一次，那习惯、兴味、技能便长进一次。所以致密、坚强之民治组织，非经过多次运动而且常常继续运动不能成功。

——同上，第二十七页

国民运动的价值，在政治本身是可限量的，在国民教育上是无可限量的。一个政治问题的运动，虽有成败之可言，从政治教育的意味看来，无成败之可言。凡国民政治运动，总是成功。——虽失败也算成功。为什么呢？因为靠他才能养成做共和国民的资格，固然养资格；败，也是养资格。资格养成，什么事干不了？所以国民运动只有成功，没有失败。

——同上，第二十七页

运动是对外示威，示威的结果，不是敌人让步，便是开战。所以这种运动，在别国是轻易不肯滥用，一用起来，力量却非常之大。

——同上，第三十页

外交问题较简单，容易把多数人的感情烧起来；内政问题较复杂，要转几个弯才能了解，多数人看得不痛切、不着急。

——同上，第三十一页

内政上局面不转变，争外交决无结果。外交主张，是要政府去办的，国民不能努力建设一个像样的政府，而拿许多话哓哓向人。在自己是"不揣其本而齐其末"，在人家看来完全是一种戏论。

——同上，第三十二页

国民运动，是表示我们国民要要求那几桩；事当局的人，能办这几件事的便要他，不能的便撵他，他是张三还是李四，我们却没有闲工夫来管。

——同上，第三十三页

我所主张的国民运动，纯然带"国民政治教育"的意味，若是秘密，则种种作用完全失掉了。所以我主张万事要公开，始终用堂堂之阵、正正之旗；赤裸裸的社会黑暗方面，都尽情暴露出来，连我是自己的缺点也暴露了，一切暴露之后，自然会有办法。

——同上，第三十三页

国民运动的问题，要为"全民的"，然后能得多数人同情，增大他的效力。

——同上，第三十三页

在某一个定期内，将某一个问题向国民耳朵边聒噪不休，叫人人心目中都认识这问题的价值。把一个时期内闹出个段落，再闹第二个。

——同上，第三十四页

国民运动纵然不能办到"全民的"，总须设法令他近于"全民的"。运动要由智识阶级发起，那是没有法子的事；但若专靠智识阶级做主体，却反于国民运动的精神了。

——同上，第三十四页

我们当着手运动之先，便要先把"失败"两个字批在自己预算册上头，只认为应该做的，便大踏步做去。

——同上，第三十四页

我以为目前最痛切、最普遍、最简单的，莫如裁兵或废兵这个大问题，我们应该齐集在这面大旗底下，大大的起一次国民运动。

——同上，第三十五页

真正的国民运动，并不是某人指挥某人去做，乃是要人人自动的去做，便要各人经一番自省之后，知道"我"能做那件，"我"该做那件，然后各用其长，各尽其才，庶几可以收互助的效果了。

——同上，第三十六页

政治上之不干涉主义，实我国民铭心刻骨之公共信条。试举政治上之美名词，必曰"垂拱无为"，必曰"与民休息"。盖我国民之理想的政治，乃在将政治的范围缩至最小限度；以今语表之，虽谓我全国人民数千年来皆为无政府主义之信徒也。人民并不倚赖良政治而始存活，故虽有恶政治，而社会亦不至根本受其摧残。

——《历史上中华国民事业之成败及今后革进之机运》

我国民之于政治，积习的改良之兴味甚薄，而消极的节制之势力甚强；社会上若别有一堡垒线，为政治所不能侵入；若侵入焉，必致挫衄；吾民即隐身于此线内，以自遂其发育；其能日处惊涛骇浪中而优自保存者，恃此。然坐是之故，对于政治日益冷淡，甚且生厌恶，浸以斫伤其政治本能；而凡百公共事业，乃委诸休戚不相关者之手，国家之元气屡伤。后虽恢复，而寸进尺退，等于不进，此则文化停滞之一大原因也。虽然，我国民所笃信之不干涉主义，自有其真价植存焉；今后我国政治之新生命，其终必建设于此基础之上。

——《历史上中华国民事业之成败及今后革进之机运》

对于政治之泠淡，为我国民一大弱点，今后切宜矫正；但政治上不干涉主义，实为自由保障之干城，宜固守之；而以分地自治、分业自治两者骈进，建设政治之新生命。

——《历史上中华国民事业之成败及今后革进之机运》

无论何种政治，总要有多数人积极的拥护——最少亦要有多数人消极的默认，才能存在。所以国民对于政治上的自觉，实为政治进化的总根源。

——《五十年中国进化概论》

这五十年来中国具体的政治，诚然可以说只有退化并无进化；但从国民自觉的方面看来，那意识确是一日比一日鲜明，而且一日比一日扩大。自觉，觉些甚么呢？第一，觉得凡不是中国人都没有权来管中国的事。第二，觉得凡是中国人都有权来管中国的事。

——《五十年中国进化概论》

我对于中国政治前途，完全是乐观的。我的乐观，却是从一般人的悲观上发生出来。我觉得这五十年来的中国，正像"蚕变蛾""蛇蜕壳"的时期。变蛾蜕壳，自然是一件极艰难、极苦痛的事。那里能够轻轻松松的做到。只要他生理上有必变必蜕的机能，心理上还有必变必蜕的觉悟，那么，把那不可逃避的艰难苦痛经过了，前途便别是一个世界。所以，我对于人人认为退化的政治，觉得他进化的可能性却是最大哩。

——《五十年中国进化概论》

凡但叛乱于专制政府之下者，其力恒单微而常思假手于外援；强邻之怀抱野心者，则从而利用之，不自竞之政府，亦或❶思假手外援以遏内乱。

——《欧洲大战史论》

今世政治势力，常随生计势力为迁移。彼贫弱之老大国及新造国，无论财政方面、产业方面，皆不能不仰给外资。外资所至之地，国权随焉。

——《欧洲大战史论》

政治者，社会之产生物也。社会凡百现象，皆凝滞窳败；

❶ "亦或"，当为"抑或"。——编者注

而独欲求政治之充实而有光辉，此又大惑也。夫今日之政治，与吾侪之理想的政治甚相远，此何必讳言者；虽然，平心论之，在此种社会之上，其或者此种政治，尚较适切；易以吾侪所怀想者，其敝或且更甚于今日。盖谁与行之，而谁与受之者？吾以为中国今日膏肓之疾，乃在举全国聪明才智之士，悉萃集于政治之一途。夫一国政治，筦其枢者恒不过一二人；而政治之为物，其本质原无绝对之美，其美恶之效，又非可决于旦夕。国民既有所倚任之人，则宜尽其长以观其后。

——《大中华发刊辞》

一国中执行政务之人，所需亦不过此数；今乃举全国无量数不知谁何之人，而皆欲托于政治以自养。官吏之供给过于其所需要数十百倍，人人皆患得之患失之。所以奔竞顷轧者，无所不用其极，政象安得不混浊？则政治之易使人失望矣。

——《大中华发刊辞》

以举国聪明才智之士，悉萃集于政治，故社会事业一方面，虚无人焉。既未尝从社会方面培养适于今世政务之人才，则政治虽历十百年，终无根本改良之望，其间接恶影响之及于政治一部分者，既若彼矣；而政治以外之凡百国民事业，悉颓废摧坏而无复根株之可资长养。故政治一有斗失，而社会更无力支拄❶，以待继起者之补救，其直接恶影响所及，则国家存亡所攸判也。

——《大中华发刊辞》

法起于何耶？当法之未立也，强陵弱，众暴寡，智欺愚，勇贼怯，权力无所集重，故不足以相伏而相维也。虽然，于彼其时，而人与人相处之间，国中一群聚一阶级与他群聚他阶级

❶ "支拄"，当为"支柱"。——编者注

相处之间，犹必有种种公仞之规律；或箸之竹帛，或习安而相守之，各定其权力之界，然后得以耦俱而宁息也。是则法之滥觞也，及国家既建定一尊以制宪典，权力关系变为权利关系，而法之形具焉。

——《国际立法条约集序》

国际法者，国与国相互间公仞之规律，其性质略与国家未建前社会习安信守之公律相类。其效力不能如国内法之强固而溥遍也。

——《国际立法条约集序》

一年以来，国中有二大势力，常为政治改良之梗者：一曰，官僚社会之腐败的势力；二曰，莠民社会之乱暴的势力。共和党既以改良政治为惟一之职志，非将此两种势力排而去之，则目的终不可得达。虽然，彼腐败派之势力，乃积数百年来历史之遗传，在专制政体之下，当然不能免者。

——《共和党之地位与其态度》

吾党鉴观各国前史，见革命之后，暴民政治最易发生；而暴民政治一发生，则国家元气必大伤而不可恢复。

——《共和党之地位与其态度》

当此存亡绝绩❶之交，有政府终胜于无政府；而充乱暴派之手段，非陷国家于无政府不止。

——《共和党之地位与其态度》

既彼此政见相合，乃相结而为一党，则不容于党内复分党，其理本甚明；然今细察国中各党，殆无一能免此病，党势愈大，则其病此也亦愈甚。

——《共和党之地位与其态度》

---

❶ "绝绩"，当为"绝续"。——编者注

人之性质，有毗阳毗阴之异，其学识有见仁见智之殊；加以地方上感情之差池，地位上利害之矛盾，人之群聚愈多，其万有不齐也愈甚。故大党中复分小派，实为最易蹈之弊；虽然党中苟犯此弊，则其党之衰亡可立而待矣。

——《共和党之地位与其态度》

立宪政治所以异于专制政治者，以彼采秘密主义，而此采公开主义也。立宪政治之运用，全恃政党；故必政党自身常采公开主义，然后可以运用公开之宪政。若党务常行于嗫嚅耳语之间，则已非复政党之作用矣。

——《共和党之地位与其态度》

所谓公开者，非谓每治一事，必须一一遍求全党员之尽诺也。政策态度，公开以定之分科治事，公开以任之；各职员于其权限内所应治之党务，固可以专行而无所掣肘；其所行之成绩，则届时公告之。所谓公开者，如是而已。

——《共和党之地位与其态度》

凡团体之为物，皆以团体员为分子而构成之；舍团体员外，更无所谓团体者存。故团体与团体员，两者不能分离。国家一种之团体也，政党亦一种之团体也；专制国家所以不能长治久安者，其国中多数人民，皆自居于客体，而惟认一人或少数人为主体。故爱国之念，无从发生；其真与国同休戚者，不过为主体之一人或少数人耳。

——《共和党之地位与其态度》

党员若自居于客体，则必放弃责任，其为党病，夫既言之矣。若党员人人皆竞起而负责任，则又有最易犯之一弊焉，则自由行动是已。自由行动者，非必其违背党义不忠于党。也就令恪遵党义而甚忠于党，然自由行动之结果，常足以陷党于危败之地。

——《共和党之地位与其态度》

凡团体员一面为其团体之主人，同时又一而为其团体之机械。国民之对于国也，有然；党员之对于党也，亦有然。国民而不愿为国之机械，则国无与立；党员而不愿为党之机械，则党无由成。然虽一面为机械，一面仍不失为主人。何也？当决定党议之时，党员皆得列席，自发表其意见，而决于多数；既决议，然后服从之。决议后固不得自由，决议时固有完满之自由也。吾服从吾自由意志所决议者，则于吾之自由未损毫末，而何有丧失人格之为虑也。

——《共和党之地位与其态度》

政党者，团体也。凡团体皆具有人格，政党之为人格，虽非法律上之人格，然社会学上则不能不认为一种人格。

——《莅民主党欢迎会演说辞》

凡为政党员者，必辟除其个人之私目的，以服从政党之公目的，此政党存立之根本要素也。

——《莅民主党欢迎会演说辞》

分明政见不相同，而居然可以同党；分明无意识之人，而亦居然加入党中，几令人不能知其公共目的之所在，若此之结合，决非以公目的结合，乃以私目的结合者也。以私目的结合者，决不能谓之政党；乃亦有公共目的相同而不能联合者，是必有私目的杂乎其间以为之障耳。故不同目的而相合者，其原因固在私目的；同目的而不相合者，其原因亦在私目的。夫合数私目的不成一公目的，孰谓可以私目的成政党乎？

——《莅民主党欢迎会演说辞》

凡百学问政治，莫不以奋斗为成功之要素，政党无奋斗之

二、政治

力，又安能行其所志？且政党必有其政见与他党不能相同者，自主观视之，必以己党之政见为足救国，而以他党之政见为足误国。以大决心贯澈己党之所主张，是实国民对于国家之道德也。

——《莅民主党欢迎会演说辞》

政党活动，除奋斗外，别无他语可言。若往来于诸党之间，但求遂其私图，无所谓主义之奋斗，是又安成为政党。

——《莅民主党欢迎会演说词》

国人服从强权之恶性不去，则暴民暴君之政治，终亦必循环无已；此在闭关时代，尚不能自存，况今日乎？

——《莅民主党欢迎会演说辞》

真有政党员之资格者，必也刚亦不茹，柔亦不吐，为天下之公理而奋斗，为国家之大计而奋斗，为一党之主义而奋斗，为一己之所信而奋斗。成功固得行其所志，为国谋进步，为民谋幸福；即失败至无余地，亦为最有名誉之失败。

——《莅民主党欢迎会演说辞》

我国人数千年来习于不规则之活动。愈有才者，其不规则之活动愈甚。欲得一整齐严肃若军队之政党，恐非易事。故我所望于今日政党员者，则愿其入政党，若入将校学校以自训练其整肃之习惯，奋斗之精神。当为政治活动之时，则尤须自量其才能如何，以择所处之地位，听齐一之号令以活动。

——《莅民主党欢迎会演说辞》

政党既各抱有主张为政治上之奋斗，自不能不有所谓党略，若用兵之有兵略然。既曰"党略"，则权谋不能不行乎其间，此不足为深讳也。虽然，亦有一定之界限焉。一定之界限维何？曰"手段须公正"。手段公正，主义始可以表白于天下，而得国民之同情；否则终亦必被弃于国民，而致大失败耳！

——《莅民主党欢迎会演说辞》

若一党既结合于公共之目的，有奋斗之精神而复济之以公正之手段；则一时党势虽小，终必大得国民之同情，而发达扩张其党势，况大政党而能行之者乎？故我所望于今之政党员者，但使一党主张之无误，以公共之手段，求国民之同情，自必能发达其党势。致破坏他人之党。图发达自己之党，此等小智小术，非惟不能成功，抑且速其失败。愿各从大处著想，则政党前途之福也。

——《莅民主党欢迎会演说辞》

党纲本属抽象之物，固可以永久遵守而不变动；至若由党纲所发生之政策，则往往时而变动。是以党内先知先觉之士所认为应为之事，自未必能得全党之赞成；当此之时，苟认定无误，则虽有反对亦必贯澈❶其主张。甚而至于党员分离，党势分裂，亦必固持其所主张而不少为摇动；此无牺牲之精神者其能之乎？

——《莅民主党欢迎会演说辞》

为大政治家者，须有道德气魄，身命名誉皆可牺牲，独主张不可牺牲；因主张之不可牺牲，故不可不有牺牲之精神，而忍受苦痛。谚所谓：毒蛇绕手，壮士断腕，惧其以大害小也。

——《莅民主党欢迎会演说辞》

政党与他种法律上之团体不同：法律上之团体，可以按法而行；若政党出入，既可以自由，而政治上之活动，又不能有法律以先规定其事。

——《莅民主党欢迎会演说辞》

---

❶ "贯澈"，应为"贯彻"。——编者注

无论何国，既有政党，自不仅存一党，必有相与对立之党；既有对立之党，主张利害，自不能强为相同。故凡为政党者，对于他党，不可有破坏嫉忌之心；且尤必望他党之能发达相与竞争角逐，求国民之同情，以促政治之进步。

——《莅民主党欢迎会演说辞》

政党对于他党，必须有优容之气量；主张虽绝相反对，亦各自求国民之同情，以谋政治之进步耳。至对于党内党员，则优容更为切要。人有所长，必有所短；而性质之不同，犹如其面，善用其长而忘其短，党始能发达。

——《莅民主党欢迎会演说辞》

共和政治，非有政党不能运用；而不完全之政党，其障碍共和政治之前途，较之无政党为尤甚。

——《莅民主党欢迎会演说辞》

夫国家政治，是否必由公开然后能得良好之结果，此理原难断定；何以言之？往昔独裁之治，当其得一二豪杰，未尝不可致政治于修明。虽然，迨乎人亡，则政因而废，其为术可偶而不可常，可暂而不可久。

——《莅民主党欢迎会演说辞》

所谓政治之公开者，凡一切行政立法财政，大抵经人民公议；议决以后，又必以种种形式从而公布，然后执行。其借口于运用之便宜，而付诸秘密者，独外交一端而已。外交为物，乃此国之国家人格与彼国国家人格相互之交涉，与一切行政立法对于人民强制有遵守之劲力者，稍有不同，故得为例外。自根底论之，一阶级或一私人之特权，经多少反抗，归于消灭，乃政治所由公开之大因也。

——《莅共和党欢迎会演说辞》

近世学者，常谓立宪政治为国民参政之历史。以鄙人观察之，则政治之参与，不过立宪政治之一种特色；若预算之公布，法律之公布，乃至行政手续之公开，法庭之公开，此皆政体上应有之作用；故不如谓政治之公开，能隐括一切，而表章各种之特质也。由此言之，政治公开之原则，实由各国先民积多少年之经验，认此为改良政治之不二法门；故其民不惜呕心溅血，必求得之而后即安。

——《莅共和党欢迎会演说辞》

十余年来，国中言政治改革者，约分两大潮流：一为"急进派"，一为"渐进派"，各有主张，各以奋励无前之气，为积极之进行，于是今日之局面以成。时至今日，有一极可惧之现象，则惰力性渐渐发生是焉。

——《答礼茶话会演说辞》

对于国民之政治知识，政治能力，政治兴味，加以根本的促进；此今日先知先觉应有之责也。

——《答礼茶话会演说辞》

商业与政治有密切之关系，此后政治之基础能否巩固，实业家实有大半之责任。

——《答礼茶话会演说辞》

治国非独恃法也。法虽然，非其人亦不行；然使法而不善，则不肖者私便而贤者束手焉，无论得人不得人，皆不足以为治。

——《箴立法家》

当求以法箴人，不可对人制法；盖法有恒性，而人无定位。

——《箴立法家》

凡立一法，亦以有适于守法之人为前提耳。若谓此人为不适也，则当谋所以别求其适者；苟终不能得，则法亦奚恃？

——《箴立法家》

大抵凡废一旧法或立一新法，其动机皆起于舆论之敦促，当局者或盲从焉，或灵应焉；然凡一法之废置，而利害关系人之喜戚随之。

——《箴立法家》

治国之立法，以国家及大多数人之福利为目的；乱国之立法，以个人或极少数人之福利为目的。目的不正，则法愈多而愈以速乱亡，固其所也。

——《箴立法家》

立法非以为美观也，期于行焉。欲养成人民尊重法律之习惯。则当一法之将颁，必先有能推行此法之实力以盾其后。若法意虽美，而形格势禁，不获举而措之，则毋宁暂缓焉以竢诸方来之为得也。

——《箴立法家》

社会事项，若锦之交丝，若机之运轮。单丝不足以成文，只轮不足以发力。无论何种之单行法，莫不与他法相丽，而始完其用；即未能一时并举，而本末先后，尤以倒置逆施为病。故立一法者，其精力固当集注于本法之中，其眼光当四射于本法之外。

——《箴立法家》

夫使法成为纸上空文，则渎法律之神圣莫甚焉。国民法律思想本已薄弱，更从而薄弱之，则其恶影响所及于将来者，更宁忍道耶？

——《箴立法家》

同意权与弹劾权，不相容也；解散权与弹劾权，相对待者也。故欲论彼两权之应否有无，必以弹劾权之有无为先决问题。一面既主张有弹劾权，一面复主张有同意权，主张无解散权；此矛盾之法理，不成片段之文字也。

——《同意权与解散权》

凡国家政务，皆为国家生存之目的而必要者也；苟非在所必要，斯不得复谓之政务焉已矣。而国人之论政者，恒以己身所习所重之政务，要求国家赴以全力；故教育家特重视教育行政，实业家特重视生计行政，军人特重视军人行政，此人情之常也。然一切政务，举之必需财，国家取诸民者自有限度，若欲将必要之政务，同时悉举之而完满无遗憾，其力固有所不逮；则惟有斟酌于其必要之程度，而量财力之所及以分配之，所谓政治计划者此也。

——《军事费问题答客难》

凡立一政治计划，其对于各方面之政务，自不能无所畸轻畸重；而所畸之得当与否，此固凭各人主观的论断，不易相强。然以一国家一时代之情实按之，其客观的得失，固亦略有一定也。

——《军事费问题答客难》

吾以为欲革一政而收成效，必赖有综核各实之精神以赴之；不徇情面，不畏强御，改革之第一义也。

——《军事费问题答客难》

凡政治现象，全由社会势力所造成，其尤崭然露头角之一二人物，不过代表此种社会势力而为之领袖。然无论何种社会，缘自然淘汰之结果，其占最高位置者，必其本社会之第一流人物也。其第二流以下，其位置亦以次递降，而本社会既失其第一流人物，则第二流必继起而承其乏。使其社会而为良社会也，则失第一流之良领袖，必有第二流之良领袖代兴以赓续其政象；而第二流之良者，其贤能必不能如第一流之良者，可断言也。使其社会而为恶社会也，则失第一流之恶领袖，亦必有第二流之恶领袖代兴以赓续其政象；而第二流之恶者，其污贱必更甚于第一流之恶者，又可断言也。

——《暗杀之罪恶》

夫政象变化，必以社会势力变化为之枢。社会势力，虽得以一二人代表之，而不得以一二人专之。

——《暗杀之罪恶》

凡以见实力不存，虽日日暗杀，决不足以动政局；实力既存，则无须暗杀，而政局自不得不变。

——《暗杀之罪恶》

凡群治所以维系于不敝者，必其中有一信仰之府焉；一群之人，视为神圣，其对之也，必诚必致。匪惟莫敢侵也，乃至莫敢怀疑。其有稍立违异者，则一群之人，咸指斥为畔逆，骇诧妖异，而其人遂不能为群所容。神权政治之有教会也，君主政治之有君主也，共和政治之有议会也，皆全国信仰中心之所攸集也。此信仰一破，则其政体遂不能以自存。

——《国会之自杀》

我国数千年来之于君主也，其尊严致惮，殆发于人人之先天的感觉；其有冒渎，则必不能见容于社会。所谓冒渎者，非必其显为侵犯也，即研究焉、批评焉，亦几无复余地，此其政象之为泰为否且勿论。要之，政之所以能行，国之所以能立，恒必由是。

——《国会之自杀》

凡一国之政象，则皆其国民思想品格之反影❶而已。在专制政体之下且然，在自由政体之下则尤甚。在专制政体之下，其消极的反影可见也，在自由政体之下，其积极的反影可见也。国民之品格思想，非有缺点，则不能造成专制政体；然在专制之下，言论行动皆受若干之制限束缚，其思想品格不能尽情暴露也。

——《一年来之政象与国民程度之映射》

夫各人之私目的千差万别，势固末由与公目的一一相吻合。且私目的而行之于政治上，舍损国家以自利，更有何术？则其与公目的决不相容岂待问也。既人人皆寓私于公，故国中无所谓政治，无所谓政党；但见无数之个人朋比以自营己耳。

——《一年来之政象与国民程度之映射》

一年来政象最显著之反映，则个人思想是已。一年以来未尝见有国家机关之行动，未尝见有团体之行动；所见者惟个人行动耳。盖国家机关，必为国家之目的而动；其他公私团体皆必为其团体之目的而动。而今之尸国家机关及为各团体员者，皆借团体机关以为达私目的之手段者也，其口中固日以公目的相揭橥，其心目中亦未始不知公目的之宜尊重也；而独至公目的与私目的冲突之际，则以公克私者百不获一。

——《一年来之政象与国民程度之映射》

政策之良恶、之适否、之拙巧，且当后论；其第一着当先问曾否已有可以宾行此政策之主体，曾否已有可以宾行此政策之机关。

——《政策与政治机关》

既各曰政策，则不能绝对的有利而无病，亦不能绝对的有

---

❶ "反影"，应为"反映"。——编者注

病而无利；任捧其一，无不可也。即误捧拙劣之政策，行焉而不可通，但使行之者有至诚恻怛之心，则不远而复，亦未必遂祸天下也。顾所最当记忆者，必有政治，然后可以言政策；必有国家有政府，然后可以言政治。

——《政策与政治机关》

有适当之机关，而无适当之人，政策不能举也；有适当之人，而无适当之机关，政策犹之不能举也。

——《政策与政治机关》

政治为一种活事实，而法典不过一种死条文，运用死条文以演成活事实，得失之林，存乎其人。是故国体虽从同，而政体或适得其反也。

——《政治上之对抗力》

凡国民无政治上之对抗力，或不能明对抗力之作用者，其国必多革命。

——《政治上之对抗力》

政治上之力而成为绝对的，则其政象未见不归于专制者也。

——《政治上之对抗力》

夫真正之政治家，未有畏人之对执者也。彼本有所挟持以对抗人；即以待人之对抗我，而何畏之与有？惟自审遵常轨，不足以与对抗者，始惮人之对抗我。由惮生嫉，乃不得不设法灭削人之对抗力以图自固。

——《政治上之对抗力》

凡国家必有政本之地；政象之为良为恶，皆自兹出。政本既清，则从政者必得人而能尽其用；从政者既得人且尽其用，则无不可靖之内讧，无不可捍之外患，无不可廓清之宿弊，无

梁任公语粹

不可逮树之新犹。区区一时之艰巨，一事之盘错，其不足危及国命明矣。

——《多数政治之试验》

所谓政本者何物耶？其在君主国，则一人之君主；其政本也，名曰"独裁政治"。其在贵族国，则少数之贵族也；其政本也名曰"寡人政治"。其在共和立宪之国，则多数之人民及其代表；其政本也，名曰"多数政治"。独裁政治也，他不足忧，而惟君主之昏淫为足忧；寡人政治也，他不足忧，而惟贵族之堕落为足忧；多数政治，他不足忧，而惟人民代表之衰曲为足忧。

——《多数政治之试验》

以多数人民为政本者，一时代一国土之人民，其程度略有一定。程度优秀者，政本自清明，政象自向上，虽欲挠坏而无所动摇；程度劣下者，政本自混浊，政象自棼乱，虽欲弋取而无所侥幸。程度优秀之国民，其个人非无劣下者，而一以入于多数中，则无如多数何，不足以为病也；程度劣下之国民，其个人非无优秀者，而一以入于多数中，则亦无如多数何，不足以为喜也。程度劣下之国民，而政本非自多数出者，微天之福；幸而遭值个人之优秀者居君相之位，则国家可以意外获无上之尊荣；程度劣下之国民，而政本复出于多数，则惟有坐听国家流转于恶道，永世不能自拔已耳。

——《多数政治之试验》

独裁政治，其善恶为不定性；而此善恶不定之原则，无论何时何国皆适用焉。多数政治，其善恶为比较的固定性；然或固定而畸于善，或固定而畸于恶，则恒视其国民程度以为鹄。

——《多数政治之试验》

107

二、政治

夫有力之舆论，实多数政治成立之大原也。

——《多数政治之试验》

理论上之多数政治，谓以多数而宰制少数也；事实上之多数政治，实仍以少数宰制多数。夫绝对的理论上之多数政治，非可不可之问题，乃能不能之问题也。彼号称多数政治之国，其多数势力之发动，岂非在议会耶？岂非在政党耶？其形式之规于外者，则多数之结集也，多数之表决也；夷考其实，则无论何国之议会，何国之政党，其主持而指挥之者，为多数人耶？为少数人耶？不待问而知其必为少数人也已矣！

——《多数政治之试验》

夫治道无古今中外，一而已。以智治愚，以贤治不肖，则其世治；反是，则其世乱。无论何时何国，皆贤智者少而愚不肖者多：此事实上之无可逃避也。是故理想上最圆满之多数政治，其实际必归宿于少数主政。

——《多数政治之试验》

夫多数政治之为物，必也每一问题发生，而国中言论，画分可否二派，此二派中，必有一派为绝对占多数者，国家于是从而废举之。不宁惟是，凡各种政治问题，必有联带之关系：以甲事为可者，则乙丙等事，必联带而可之；以甲事为否者，则乙丙等事。必联带而否之。夫善后施政有系统而不至互相冲突也。

——《多数政治之试验》

国体与政体绝不相蒙；而政象之能否止于至善，其枢机则恒在政体而不在国体。无论在何种国体之下，皆可以从事于政体之选择。国体为简单的具象，政体则为复杂的抽象。故国体只有两极端，凡国必丽于其一；政体则参任错综，千差万别。各国虽相效，而终不能尽从同也；而形式标毫厘之异，即精神生千里之殊。

——《宪法之三大精神》

我国数千年困于专制，人民天赋权利，未尝得确实之保障；非采广漠之民权主义，无以新天下之气。且多数国民，政治思想力极幼稚，欲掖进而普及之，莫如多予以直接行使公权之机会。则其与国家之关系日密，而政治兴味亦油然以生。此特民权主义者所持之说也。我国虽号专制，然实以放任为政，求如欧洲十六七世纪之干涉政治，未尝有也。

——《宪法之三大精神》

政治无绝对之美：政在一人者，遇尧舜则治，遇桀纣则乱；政在民众者，遇好善之民则治，遇好暴之民则乱，其理正同。若必谓以众为政，斯长治久安即可操券；则天下岂复有乱危之国者。

——《宪法之三大精神》

政治之目的，在谋最大多数之最大福利，近世通行之"多数政治"，其论据皆在是也。然谓国家一切政治机关，凡以供多数者之利用，而少数者义当为其牺牲。揆诸情理，云何可通？夫少数阶级，往往为国家之中坚，善谋国者恒特加保护焉。蔑视压抑之，其去图治之道亦远矣。

——《宪法之三大精神》

政治之目的，其第一义在谋国家自身之生存发达；国家不能离国民而独存，凡国利未有不与民福相丽者也。故善谋国者，惟当汲汲焉求国权之当遵何道而得巩固，当遵何道而得善其运用；而此权之当由何人掉之，则一国有一国之所适，一时代有一时代之所适，断不容刻舟以求，胶柱而鼓也。

——《宪法之三大精神》

夫政府滥用命令权，其弊固可以流于专制；然于法律外无临机处置及因宜补充之余地，则束缚驰骤太甚，政府或变为无能力。

——《宪法之三大精神》

一人，人也；众人，亦人也。恃一人以为政者，其一人适于为政，则政举，反是则政息；恃众人以为政者，其众人适于为政，则政举，反是则政息。

——《欧洲政治革进之原因》

论政而归本于人民程度，固是矣；论人民程度而以智力为标准，其去治本则犹远也。

——《欧洲政治革进之原因》

政策之为物，不能各各离立。此策与彼策之间，联属至为致密，先决问题，层层相覆，突然就一事以翘示已之所主张曰，吾欲云云，虽说理极完，措虑极密，而当局恒觉其拘墟。即立言者一日身当其冲，或且不免喏然自以为可笑。

——《政治之基础与言论家之指针》

政策之建议，愈阅历而愈不敢妄发；盖深有感于适应时势之不易易，而断不敢为无责任之言。攻人短，翘己长，以卖声名于天下。

——《政治之基础与言论家之指针》

其抵欲运用现代的政治，其必要之条件：一，有少数能任政务官或政党首领之人，其器量学识才能誉望，皆优越而为国人所矜式。二，有次多数人能任事务官之人，分门别类，各有专长，执行一政决无陨越。三，有大多数能听受政谭之人，对于政策之适否，略能了解，而亲切有味。四，凡为政治活动者，皆有相当之恒产，不至借政治为衣食之资。五，凡为政治活动者，皆有水平线以上之道德，不至掷弃其良心之主张而无所惜。六，养成一种政治习惯，使卑劣阘冗之人，不能自存于政治社会。七，在特别势力、行动轶出常轨外者，政治家之力能抗压矫正之。八，政治社会以外外之人人，各有其相当之实力；既能为政治家之后援，亦能使政治家严惮。具此诸条件，其可以语于政治之改良也已矣。

——《政治之基础与言论家之指针》

政治问题，无一不为抽象的。必经种类之综合比较，始能评判其得失；此决非幼稚之民所喜，亦决非幼稚之民所能也。

——《说幼稚》

夫革命必有所借口，使政府施政而能善美，无授人以可攻之隙，则煽动自较难为力。然革命后骤难改良政治，殆亦成为历史上之一原则。

——《革命相继之原理及其恶果》

夫社会以分劳为贵，吾岂谓欲劝全国之人才，皆求为自动而不屑为被动。虽然，举全国人才而皆为被动，则国家事业之萎悴，果当何似者！夫我国近年来只能产极干练之事务家，而可称为政治家者殆不一二观。

——《作官与谋生》

吾以二十年来几度之阅历，吾深觉政治之基础恒在社会。欲应用健全之政论，则于政论以前更当有事焉；而不然者，则其政论徒供刺激感情之用，或为剽窃千禄之资。无论在政治方面，在社会方面，皆可以生意外之恶影响，非直无益于国而或反害之。

——《良知与学识之调和》

凡一切政治及从政者之公私言论行动，在在皆生莫大之影响。庄生曰："其作始也简，其将毕焉必巨。"爱国之政治家，知乎政术之直接间接关系于国俗者如此其重也？又知乎国俗之臧否为国命存亡之所攸决也？故自始于择术焉慎之。野心之政治家不然，恒务利用国民性之弱点，以成一己之功名；而其操术之种类，又缘其所处之地位而各有异：其一，则煽动派之野心家，利用国民之易驰骛于感情也，则挑拨以激发之；利用国民不能辨别事物之真相也，则谣诼以构扇之；利用国民之羌无实而好自大也，则造为夸诞之词以自矜耀，以哗世而骇庸众也；利用国民之恶秩序而乐恣肆也，则躬为无赖之行以倡导之，以自广其声气；利用国民之畏事而惮捍御也，则以恫喝行袭取以威偪行里胁也：若此者，苟其见机敏而操技神，则可以欧天下之人由静而之动；天下动而野心家受其利焉！其一，则操纵派之野心家，利用国民之好虚荣也，则设好爵以縻之；利用国民之嗜货利也，则悬重贿以啖之掉此二具，而天下英雄，不入彀中者，则既寡矣。亦既入焉，则鸡虫得失间，别有天地，营营焉足以了其一生，而上指天下画地之态，不期而息也！

——《罪言》

夫久静则政象凝滞而不进，动之宜也，傥供野心家之利用而动，则动焉，而于政象之革新无与。非直不能革新，重以棼乱而已。久动则政象蜩唐而无纪，静之宜也；然供野心家之利用而静，则静焉，而于政象之改进无与。非直不能改进，重以腐败而已。野心家之举措，其直接影响于政象者，则既若是；然彼其操术既以利用国民弱点为成功秘诀，其结果能使全国人之弱点日益发达，而优点乃至斫丧以尽。牯之反复，并几希亦不能自存。国民品格堕落，达于极度，而国遂沦胥以败；中外古今之亡国者，未或不由斯道也。

——《罪言》

政治之为物，其在一国中实有不可抗力；在恶政治之下，而欲良社会之出现，其道无由。

——《罪言》

政治之用，凡以救时而已！审理固贵择中庸；及其施于有政，则恒必熟审本国之历史及其现状，与夫外界之情实，而谋所以因应之。则于此两义者，不能不有所畸重，亦自然之数也。

——《中国立国大方针》

吾国政治之敝，不在烦苛而在废弛。夫烦苛者，专制之结果；而废弛者，放任之结果也。缘专制之结果而得革命，则革命后当药之以放任——欧洲是也。缘放任之结果而得革命，则革命后当药之以保育——吾国是也。若以放任承放任，是无异以水济水，废弛之后，又废弛也。国其能国乎？

——《中国立国大方针》

夫革命之职志，本以政治方面为主，以种族方面为输；及其成功，则彼方面甚易，而此方面乃大难者，无他故焉，实由人民与国家关系之薄弱致之。人民与国家关系曷为薄弱，凡未行保育政策之国，其结果应如是也。

——《中国立国大方针》

以放任为治者，政府之职简；以保育为治者，其职繁。以放任为治者，政府之责轻；以保育为治者，其职重。理繁务而荷重责，非强有力焉固不可矣。所谓强有力之政府者有两义：一则，对于地方而言中央。地方之权，由中央赋予者，政府之强有力者也。中央之权，由地方赋予者，其非强有力者也。二则，对于立法府而言行政府。行政府人员，自立法府出，而与

113

立法府融为一体者，其最强有力者也。虽非立法府出，而能得立法府多数之后援者，其次强有力者也。与立法府划然对峙，而于立法事业，丝毫不能参与者，其非强有力者也。并行政事业，犹须仰立法府之鼻息者，其最非强有力者也。

——《中国立国大方针》

凡政治现象根于历史上事实者，恒什八九，而理想所构成者什不得一二；即欲以理想构成之，亦必此理想深入人心，广被于全社会，渐成为事实。然我据此事实为基址，而新现象乃得发生。此非期以极绵远之岁日不能为功也。

——《中国立国大方针》

政务之种类性质不同：其宜集焉者，则集之惟恐不坚；其宜分焉者，则分之惟恐不细。以言夫集，则集之于唯一之中央政府；以言夫分，则分之于无量数之城镇乡。两极端同时骈行，不相妨也，适相济也。

——《中国立国大方针》

国家之置政府，非以为美观也，将以治事焉。故人民之对于政府也，宜委任之，不宜掣肘之；宜责成之，不宜猜忌之。必号令能行于全国，然后可责以统筹大局；必政策能自由选择，然后可以评其得失焉；必用人有全权，内部组织成一系统，然后可以观后效也。

——《中国立国大方针》

今后建设之业，必以能得良政府为前提；如其能得良政府也，固当畀之以广大巩固之权，使之得尽其才以为国宣力。如其不得也，则虽过事牵制之，而所能补救者几何？

——《中国立国大方针》

脆薄之政府，不能病民，吾有以明其决不然也！然以行病民之政则有余，以行利民之则政不足；故其道为两失也。

——《中国立国大方针》

夫国家某种机关，应有某种权限，此自为一问题；应以何种人物掌何种机关，与夫当由何道以得适当之人物，此又别而一问题。将暂时的人物与永久的机关并为一谈，持论未有能通者也。

——《中国立国大方针》

凡其人能为一大政党之首领者，不特学识才略优异而已，即道德亦必有以过人；此非有他道焉以致之焉，盖自然淘汰之结果使然。盖政党者，非个人所能私有也；政党首领之地位，非个人所能自荐也。金壬之人，僿野之夫，多数党员岂肯戴之为首领者，则其人在党中决不能占地位；若以一政党而戴此辈为首领，党势何从发达？则其党在国中决不能占地位。

——《中国立国大方针》

政党之为物，以政治上公共之目的而结合者也。官僚势利之集合，不过借此以达个人之目的；而别无所谓公共目的者存，故不得谓之政党。政党之目的，以正大光明之手段相竞争者也。秘密结社，虽或含有政治上公共目的，而手段不归于正。故亦不得为之政党。

——《中国立国大方针》

大抵一国之政治问题，虽日出不穷，而政治家所讨论、抉择之方针，略有定式。或主渐进或主急进，或务规远大，或务固根基；诚能为系统的研究，则无不可以一主义贯诸问题。其偶有一二事之凿枘，则小异而取大同足矣！故论政党之本性，则两党对峙，乃其正轨；而小党分立，不过其病征耳。

——《中国立国大方针》

今欲使全国民稍具共和国民之资格，使其优异者能自效于共和之建设；且勿责以精粹之学识与卓绝之技能也，而于国家之性质如何？作用如何？国民与国家之关系如何？其责任如何？共和政府之形态如何？其所以异于畴昔之专制者如何？世界大势如何？我国现时所处地位如何？将来所希望之地位如何？诸如此类，非日强睐于国民之侧，使之浸淫领会；则虽有一二英杰，亦谁与共此国者？然若何而能使此种常识广被于多数人，此政治家之责任也。

——《中国立国大方针》

无论何时何国，其宰制一国之气运而祸福之者，恒在极少数人士。此极少数人士，果能以国家为前提，具备政治家之资格，而常根据极强毅的政治责任心与极浓挚的政治兴味，黾勉进行，则虽至危之局，未有不能维持；虽至远之涂，未有不能至止者也。

——《中国立国大方针》

凡为政者，必先慎察国家所处之地位，所过之时势，乃就国民能力所及，标准之以施政，然后其政策乃非托诸空言。

——《政府大政方针宣言书》

政策如机器，轮轮相衔，齿齿相属，万不能专顾一方面，而偏置他方面。故欲举一政，其势必牵连及于他政。以理论之，非百废具举，则欲举一焉而几不可得。虽然，若骛广而荒，而竭蹶于其力之所不逮，则非至百举具废焉而不止也。

——《政府大政方针宣言书》

每举一政，恒必有一种或数种之法律以作之标准；若法律未布，则无所遵循，虽有方针，将安所丽？

——《政府大政方针宣言书》

凡天下事原动力太过，必生反动；反动太过，又生第三次反动。如是四次五次，相引可以至于无穷。凡百政象皆然，不独司法也。

——《呈请改良司法文》

夫国家主义不过起于百年来而极盛于今日，自今以往，能永持此盛象与否，殊未可知。即以今日而论，国家之基础，岂不在个人？分子不纯良而欲求健全之团体，其安得致。

——《孔子教义实际禅益于今日国民者
何在欲昌明之其道何由》

今世立宪国，君主无政治上之责任，不能为恶；故其贤不肖，与一个之政治无甚关系。惟专制国则异是：国家命运，全系于宫庭，往往以君主一人一家之事，而牵一发以动全身，致全国亿兆悉蒙痛毒。

——《朝鲜灭亡之原因》

凡人群之初起也，必有一种野蛮的自由；政治之第一级，在使人脱离此等蛮性蛮习。故彼时之国家，不可不首立政府定法律，以维持一群之平和秩序。不可不巩固主权，以御外侮而弭内构。非用强力行威权安能致此？夫恶法律虽不及善法律，然犹愈于无法律；恶政府虽不及善政府，然犹愈于无政府。故当人群进化之第一期，但求有法律有政府而已；至其善恶优劣，暂可不问。

——《地理与文明之关系》

夫所谓进化第一期必要专制者，其事固自有程度，其时固自有限制；苟逾其程、越其限而犹用之，则不为群益，反为群害，势所必然也。盖专制之效力，在使内部人民爱和平、重秩序，养成其服从法律之风也。既平和矣，既秩序矣，自治之习惯习成立矣；于此时也，则政府当减缩其干涉之区域，以存人民自由之范围。人文愈开，则此范围愈当扩充。于是政府与人民之权限，不可不确定焉。非特禁人民之互侵自由而已，而政府亦不得自侵之。盖人群进化之第二期，所重者不在秩序而在进步；而欲使人民进步，必以法律保护各人之权利，使其固有之势力，得以发达，实为第一要义。

——《地理与文明之关系》

有国者而欲固其位，则莫如伸民权；有官者而欲保其禄，则莫如伸民权。彼民非必乐于争权也，而无如处今日生存竞争优胜劣败之世界，非藉民权无以保国权，国权一失，而国民之身家性命，随之而亡。泰西各国民之争权也，皆所以自保其身家性命也；而中国忧时之君子，所以汲汲然以此义相提倡者，诚有鉴于今日天下之大势，而知其不可以已也。故倡民权之人，其心地最纯洁，而必无一毫利己之私心存乎其间；其所求者，惟在伸权，权一伸，而迅雷烈风之行，变作光风霁月之态矣。为君相者，如遇民之争权也，其所以善待之者，惟有一法，曰因而伸之而已！

——《上粤督李傅相书》

天下无论何种政策，莫不同时有利害之两方面。缘此而论治者往往各有所主张，而中间容有辩论之余地，盖各国之所同也。

——《与上海某某等报馆主笔书》

鄙人素来持论，谓对外不恃而恃实力；所谓实力者非他，即先设法求得一良政府，将内治整顿完备是也。故以为全国言论界，惟宜合全力以攻击现在之恶政府，使之虽欲恋栈以败坏国事，而有所不能；一方面则以稳健之智识灌输国人，使之有组织良善政府之能力。此着办到，然后对外乃有可议；而不然者，徒日日怒骂外国人之谋我，甚无谓也。

——《与上海某某等报馆主笔书》

若夫以现在冥顽不灵之政府，而语之以积极的对外政策，则其危险抑更甚焉。政策之当否，固属于别问题，且勿其论；即使有极良之政策，而一落现政府之手，则未有不生出极恶之结果者，故立言又不可不慎也。

——《与上海某某等报馆主笔书》

今世之识者，以为欲保护一国中人人之自由，不可不先保护一国之自由；苟国家之自由矣，则国民之自由是无所附。当此帝国主义盛行之日，非厚集其力于中央，则国家终不可得安固；故近世如伯伦知理之徒，大唱国家主义，以为人民当各自牺牲其利益以为国家，皆此之由也。今世之国家，使全国如一军队然，军队中之不自由亦甚矣，而究其实，则亦为全队之利益而已。

——《答某君问法国禁止民权自由之说》

凡腐败不进步之政治，所以能久存于国中者，必其国民甘于腐败不进步之政治，而以自即安者也。

——《政闻社宣言书》

夫以常理论，则天下决无乐专制之国民，此固吾之所能信也。虽然既已不乐之，则当以种种方式，表示其不乐之意思；苟无意思之表示，则在法谓之默认矣！凡专制政治之所以得行，必其借国民默认之力以为后援者也。苟其国民对于专制政治有一部分焉为反对之意思表示者，则专制之基必动摇；有大多数焉为反对之意思表示者，则专制之迹必永绝：此征诸欧美日本历史，历历而不爽者也。

——《政闻社宣言书》

欲国民政治之现于实，且常保持之而勿失坠，善运用之而日向荣，则其原动力不可不还求诸国民之自身。其第一着，当使国民勿漠视政治，而常引为己任；其第二着，当使国民对于政治之适否，而有判断之常识；其第三着，当使国民具足政治上之能力，常能自起而当其冲。

——《政闻社宣言书》

政治团体，非得国民多数之赞同，则不能有力；而国民苟蔑视政治，如秦越人之相视肥瘠，一委诸政府而莫或过问，则加入政治团体者自寡，团体势力永不发达，而其对于国家之天职，将无术以克践。故为政治团体者，必常举人民对于国家之权利义务，政治与人民之关系，不惮晓音瘏口，为国民告；务唤起一般国民政治上之热心，而增长其政治上之兴味。

——《政闻社宣言书》

政治团体之起，必有其所自信之主义，谓此主义确有裨于国利民福，而欲实行之也；而凡反对此主义之政治，则排斥之也。故为政治团体者，既有政友，同时亦必有政敌；友也，敌也，皆非徇个人之感情，而惟以主义相竞胜。其竞胜也，又非以武力，而惟求同情：虽有良主义于此，必多数国民能知其良，则表同情者乃多；苟多数国民不能知其良，则表同情者必寡。故为政治团体者，常务设种种方法，增进一般国民政治上之智识，而赋与以正当之判断力。

——《政闻社宣言书》

政治团体所把持之主义，必非徒空言而已，必将求其实行。其实行也，或直接而自起以当政局，或间接而与当局者提携。顾无论如何，而行之也必赖人才；苟国民无多数之政才以供此需要，则其事业或将蹶于半途，而反使人致疑于其主义。

故为政治团体者，常从种种方面以训练国民，务养成其政治上之能力，毋使贻反对者以口实。

——《政闻社宣言书》

我中国国民，久栖息于专制政治之下，倚赖政府，几成为第二之天性，其视政府之良否，以为非我所宜过问。其政治上之学识，以孤陋寡闻，而鲜能理解；其政治上之天才，以久置不用而失其本能。故政府方言预备立宪，而多数之国民，或反不知立宪为何物！政府玩愒濡滞，既已万不能应世界之变，保国家之荣，而国民之玩愒濡滞，视政府犹若有加焉！丁此之时，苟非相与鞭策焉，提絜焉，急起直追，月就日将，则内之何以能对于政府而由民义？外之何以能对于世界而张国权也？则政治团体之责也！

——《政闻社宣言书》

凡政府之能良者，必其为国民的政府者也。曷为谓之国民的政府？即对于国民而负责任之政府是也。国民则伙矣，政府安能一一对之而负责任？曰，对于国民所选举之国会而负责任，是即对于国民而负责任也。故无国会之国，则责任政府终古不成立；责任政府不成立，则政体终古不脱于专制。

——《政闻社宣言书》

地方团体自治者，国家一种政治机关也。就一方面观之，省中央政府之干涉及其负担，使就近而自为谋，其谋也必视中央代谋者为易周。此其利益之及于地方团体自身者也。就他方面观之，使人民在小团体中，为政治之练习，能唤起其对于政治之兴味，而养成其行于政治上之良习惯。此其利益之及于国家者，盖益深而且大。

——《政闻社宣言书》

吾主张政治革民❶论，非溶发国民之办理心不可；而国民辨理心既发达：则无论治学治事，皆从实际着想，条理自趋于致密，而能为国中养成多数实行之才。彼主张种族革命论，非挑拨国民之感情不可。国民奔于极端之感情，则本心固有之灵明，往往为所蒙蔽，求学者或厌伏案而日言运动，治事者不审条理而辄盲进。小有成就，而愈益其嚣张；小有挫折，而遂至嗒丧。其究极也，只为国中养成多数空论之辈。此其难易之差也。不宁惟是，彼以感情煽人，则只能收拾狂奔于感情者流；我以辨理心动人，则并能获有辨理心者之相助。凡狂奔于感情者，多无实力；而有辨理心者，其实力必富。以固有之成分为基础，其势已优于彼，复因此成分而扩张滋长焉！

——《答某报第四号对于本报之驳论》

革命党何以生？生于政治腐败。政治腐败者，实制造革命党原料之主因也！政治不从人治之所欲恶，不能为人民捍患而开利，则人民于权利上得起而革之，且于义务上不可不起而革之。

——《现政府与革命党》

人民于政治上之认识，有缘观察之精确而进于前者，有缘关系之痛切而进于前者，有缘识想之普及而进于前者。所谓缘观察之精确而进于前者何也？同一政治也，有在昔不以为腐败，而在今以为腐败者，非不腐败于昔而腐败于今也，本腐败而未之知焉如败菌之病，自医术未进步以前，已存于人身而莫或知也，及近世学说昌明，人民渐知为政府者，当负若何若何之责任；其不尽此责任者，即腐败者也。又饫闻他国之政治，内返而与之比较：人之政府所有事者若何，我之政府所有事者

---

❶ "革民"，疑为"革命"。——编者注

祖人若何？恍然曰：是固腐败于彼什伯也。此其认识之进焉者也。所谓缘关系之痛切而进于前者何也？畴昔政治腐败之结果溃于内耳；溃于内则犹有戡定恢复之期。楚弓楚得于全体之利害，不至生异动。今则举其国出而立于世界物竞之冲，我退则彼进，而彼既进，即无复我骈进之地；我败则彼胜，而彼既胜，即无复容我再胜之时。于经济上之权力有然；于政治上之权力亦有然。人民之所以资主者，日削寸焉，月削尺焉，憔悴困顿，剥于肌肤，行愁坐叹，莫识所由。还观夫外人之与我接者，则挹之若不竭，乃知彼盖绍我臂而夺之食也。而土地之日蹙百里与，夫同胞父兄子弟之见系累而为奴虏者，又岁触于耳目也。虽其中智，亦能略措思而察其所由，曰政府宜为我捍患者也，今若此谁之罪也？此其认识之进焉者又一也。所谓缘识想之普及而进于前者何也？前此政府腐败之实状，非必其能自掩覆也，而人民之注意以词之者少，即有一二，曾不足以自张其军。及夫交通渐开，智识交换，有所闻见，奔走相告。地极之山陬水澨，人下至屠竖贩夫，靡不曰有所知；传诸十口，而政府腐败之迹，虽欲掩覆而末由。此其认识之进焉者又一也。坐此三因，故人民之不信任政府，且怨毒政府也，其程度日积而日深，其范围则日煽而日广。既已习闻先圣昔贤诛民贼仇独夫之大义，又熟睹欧美近世史奋斗决胜之成效；故革命思想，不期而隐涌于多数人之脑际。有导之者，则横决而出焉；而其最大之起因，固无一不自政治腐败来也。

——《现政府与革命党》

革命之义有广狭。其最广义，则社会上一切有形无形之事物所生之大变动皆是也。其次广义，则政治上之异动与前此划然成一新时代者；无论以平和得之，以铁血得之，皆是也。其狭义则专以兵力向于中央政府者是也。

——《中国历史上革命之研究》

政治者何？国家目的之现于实者也。凡人类必有其目的：以充饥之目的而求食；以御寒之目的而求衣；学生以求学之目的而入校；商人以营利之目的而适市；是也。国家亦一人格也；故其一切行动，必非漫然而已，必有其目的焉。

——《说政策》

不能使国家之目的现于实者，不得谓之政治。国家者，非自然人而法人也；故不能直接自使其目的现于实，而恒有待于其机关。倘机关不备，或司机关之人不依国家目的以行进，则有目的等于无有也。是故凡国家之行为，则名曰"政治"，此天下古今之通义也。

——《说政策》

政治者，由国家目的而演出者也；政策者，则求所以达此目的之一手段也。国家之目的：虽常同一，而所以达此目的之手段，则因地而异，因时而异；即在一时一地，而因各人之所见，亦各各有异。此何故耶？盖国家之目的，常在国家自身之利益；与国民全体之利益，固也。然国家之利益，与国民之利益，未必常能相合。即曰国家之利益，与国民全体之利益常相合也，而与国民之一个人或其一部人之利益，总不能常相合；即曰两者永久之利益常相合也，而其暂时之利益，总不能常相合。于是乎虽同一目的，而所以达此目的之手段，往往悬绝。

——《说政策》

凡一切政治，莫不与人民有不可离之关系。其以谋人民发达之故而行焉者，其直接关系于人民者也；其以谋国家发达之故而行焉者，其间接关系于人民者也。政治之于人民，其关系

梁任公语粹

既若是之深厚，则人民之对于政治宜如何者，盖可思矣。

——《政治与人民》

政治之目的，一以谋人民之发达，一以谋国家自身之发达；而其所以谋国家自身之发达者，亦其间接关系于人民者也。故人民非徒为一己之生命起见，不可不求得良政治；抑且为其所属国家之生命起见，不可不求得良政治。盖国家之生命苟不保，则一己之生命，决无所附丽也。而不良之政治，实为斫伤国家生命之斧斤，日日而伐之者也。

——《政治与人民》

凡行政者不可不负责任；行政者而不负责任，则虽有立法机关，亦为虚设。所公立之法度，终必有被蹂躏之一日；而治者与被治者之间，终不得协和，是立宪国所大忌也。

——《政治学学理摭言》

凡欲为国家建一政策，必当衡审事理，而毋或驱役于感情；当为百年久远之谋，而勿作得过且过之计。言必虑其所敝，行必极其所终；凡百皆然，而外交亦其一也。是故施政之有方针者，如悬诚陈，则不可欺以曲直；如量诚立，则不可尝以长短。吾自审吾国现在之位置若何，将来之祈响若何，先定一欲至之地，而慎择乎所以致之之途。苟诚求焉，将必有当。大策既逮，则果志毅力以期其成。有障碍则曲折以赴之可也；有摇撼则镇静以持之可也。若无方针者则异是：自始未尝为有意识之行动也，持一议而不审究其始卒，举一事而不逆计其流变，树一策而不挈折其条跗。为外境界风所激刺，忽焉有所举措；激刺者转其方向，又旁皇无所为计矣。为险艰困衡所逼迫，贸然有所蠕动；逼迫者弛其程度，又疲尔不能自振矣！

——《中国外交方针私画议》

凡政治家有所计划，必须以国家利害为前提。盖政治也者，国家意思之现于实者也。苟所计划者而非国家之利害，斯不得谓之政治矣。故政治家常须自念其身为国家之公人，将自己一身之利害与国家利害画清界限。当其执行国家政务之时，则惟知国家之利害，而断无或假国家之力以自牟其私利。此政治家首当具之条件也。

——《责任内阁与政治家》

凡政治家必须建立有一系统之政策，而务所以实行之。一切政治，无非为国利民福起见。然必如何然后国利民福可以致？是当策划之。若此者谓之政策，有涉于全体之政策，有一时一事之政策。虽然，无论如何，其精神常须一贯，而其系统常须相属。盖政治也者，各种政务结构而成之一种状态也。

——《责任内阁与政治家》

政治者，人类之产物也；而一国之政治者，又一国国民之产物也。凡人类有普通性，故政治大体之良恶，其标准固不甚远，凡一国国民有特别性，故政治细目之适否，其裁择必因乎所宜。

——《中国国会制度私议》

人类不完全，而政治无绝对之美，既无绝对之美，则两害相权取其轻，两利相权取其重。多数有能力之人民，得参政权，其利甚重，而少数无能力者，滥竽其间，其害较轻：此普通选举制得以成立之理由也。

——《中国国会制度私议》

进化与竞争相倚，此义近人多能言之矣。盖宇宙之事理，至繁赜也，必使各因其才，尽其优胜劣败之作用，然后能相引以俱上。若有一焉，独占势力，不循天则以强压其他者，则天演之神能息矣！故以政治论，使一政党独握国权，而他政党不许容喙，苟容喙者加以戮逐，则国政未有能进者也。

——《论中国学术思想变迁之大势》

夫政治固以最大多数之最大幸福为目的者也。国中最大多数者，非人民而谁？人之本性，莫不好其利己者，而恶其害己者，故以此权归之，其必能尽此责任无疑也。

——《乐利主义泰边斗沁之学说》

三、国 家

国家是由事实的要求才产生的，国家是在民众意识的基础上才成立。

——《学术演讲集》，第二辑第十五页，

《先秦政治思想》

凡向来不成问题的事情，忽然成了问题，是国民思想活跃的表征。

——同上，第一辑第六十五页，《评非宗教同盟》

凡一国民在一时期内，只能集中精力以完成一事业；且必须如此，然后事业可以确实成就。

——《清代学术概论》，第一七三页

须知我等说要爱国，并非因爱国是当今一种美名，说来凑热闹；实觉得非将国家整理起来，身家更无安全发达之望。

——《国民浅训》，第一页

我等从早至晚，一举一动，何处不仰国家之保护者；尤当知今日为生计竞争之世，各国人民，虎视耽耽❶，恨不得绐别国人之臂，而夺其食。

——同上，第二页

生当今日，而无完全之国家为我保护，决不能以自存。今日各国国民之相持，如临战场，不进则退，不生则死，在人则到处有国家以为之后盾。

——同上，第三页

我国民事事都不让人；独有视国家事当作闲是闲非，不愿多管之一念，实为莫大病根。此病根不除，国家终无振兴之日；国家不振，而欲身家安全发达，此必不可得之数也。

——同上，第三页

我国民当知爱国之理，与爱我同，与爱人异。人者本可以爱可以不爱，不过行吾慈悲以爱之而已；若我之爱我，则一毫不能勉强，一刻不能放松。夫我身固我也，我家亦我也，我乡亦我也，我国亦我也；我一身不能独活，有许多事非合一家之力不能辨到❷，故既爱我身即不得不爱我家；又有许多事非合一乡之力不能办到，故既爱我身即不得不爱我乡；更有许多事非合一国之力不能办到，故既爱我身即不得不爱我国。

——同上，第三页

国家之命，托于政府；而政府所以治安者，全赖法律。所以行政者全赖财赋。最患者，政府不恤民情，擅制殃民之法律，则民将不堪其病。

——同上，第六页

爱乡心扩而大之，即为爱国心；故乡土观念，原至可贵者

---

❶ "虎视耽耽"，今作"虎视眈眈"。——编者注
❷ "辨到"，当为"办到"。——编者注

三、国家

也。我国民此观念甚强，其所以能相团结者颇赖此。虽然，此观念若发达过度，又未尝不为国家之害。

——同上，第十九页

我等凭借一国之力以与世界相见，固当毫无怯懦，毫无退却。无论在平和时，在战争时，皆当挟浑身勇气以赴之。虽然，又当常堂堂正正为实力之竞争，而不可杂以客气，出以卑劣手段。

——同上，第二十一页

吾国历年来有一种不健全之爱国论，最足为国家进步之障者，其说曰："我国为文明最古之国，我民为德性最美之民；泰西学说，多为吾先哲所见及，其大本大原，远不啻我；若夫形而下之技术，则采之易易耳。至其礼教风俗，则更一无足取；吾但保存吾国粹而发挥之，斯足以为治矣。"

——同上，第二十五页

民主主义的国家，彻头彻尾都是靠大多数国民，不是靠几个豪杰。

——同上，第七十二卷第十八页，《欧游心影录节录》

我们中国人最大的缺点，在没有组织能力，在没有法治精神。

——同上，第二十三页

组织团体，是人类独具的良能，由小团集为大团，又是进化不易之轨。所以古来无论何国，都是从许多部落做起点，小部落集而成大部落，部落集而成国，小国集而成大国，直到十九世纪，算是国家主义全盛时代。主张这主义的人，便说"国家是人类最高团体，没有别的团体能加乎其上"。

——同上，第七十四卷第十八页

人类集团的扩张向上心，又出于天性之自然不能夭遏。把国家当作人类最高团体，这种理论，在今日蒸蒸日进的社会，究竟不能叫人满意。即如个人相互间的利害冲突，当国家法律效力未确定的时候，动辄由复仇决斗的手段解决。

——同上，第十九页

民族站得住或站不住，就要看民族自觉心的强弱何如。所谓自觉心，最要紧的是觉得自己是"整个的国民"，永远不可分裂、不可磨灭。

——同上，第七十六卷第二页，
《辛亥革民❶之意义与十年双十节之乐观》

我们自古以来，就有一种觉悟，觉得我们这一族人像同胞兄弟一般，拿快利的刀也分不开。又觉得我们这一族人，在人类全体中关系极大，把我们的文化维持扩大一分，就是人类幸福扩大一分。这种观念，任凭别人说我们是保守也罢，说我们是骄慢也罢，总之，我们断断乎不肯自己看轻了自己，确信我们是世界人类的优秀分子，不能屈服在别的民族底下。这便是我们几千年来能够自立的根本精神。

——同上，第二页

我对民国十年来生产事业的现象，觉得有一种趋势最为可喜，就是科学逐渐占胜。科学的组织，科学的经营，科学的技术，一步一步的在我们实业界中得了地盘。此后凡属非科学的事业，都要跟着时势，变计改良，倘其不然，就要劣败淘汰去了。

——同上，第六页

一国里头，若是有一部分人专拿兵来当作职业，那么，有枪阶级和无枪阶级，自然会划出一个大鸿沟来，这鸿沟显露之

三、国家

---

❶ "辛亥革民"，当为"辛亥革命"。——编者注

后，若不设法塞住，结果非闹至人民死绝、国家亡掉不可。

——《无枪阶级对有枪阶级》

国民当国家安宁的时候，要有继续不断的经常运动，然后政治上病的分子不至发生。国民当国家艰危的时候，要有急起直追的非常运动，然后内部发生或外部袭来之政治上病的状态，可以减轻或消灭。

——《外交欤内政欤》

国民若使永远专持"否定"的态度，没有积极的主张拿出来，恐怕成了世界上虚无的国民便完事了。

——《外交欤内政欤》

吾国史迹中，对外虽无雄略，且往往受他族蹂躏，然始终能全其祖宗疆守勿失坠，虽百经挫挠而必光复旧物者，则亦墨子之怯于攻而勇于守，其教入人深也。而斯义者，则正今后全世界国际关系改造之枢机，而我族所当发挥其特性以易天下者也。

——《〈墨子学案〉第二序》

国民能力集注于一事业时，对于他事业之能力，自不免减杀。且在某时代中为完成某种事业起见，产生出种种制度，此制度还影响于国民心理；迨时代之需要既去，而制度之遗蜕仍存，则国民能力，必为此种逾时失效之制度所限制，而萎缩其一部分。

——《历史上中华国民事业之成败及今后革进之机运》

萎缩非灭绝之谓。凡国民既有能力会完全一大事业者，即足为并非不能完成他种事业之反证。但其能力为潜伏的，往往非俟环境起一大变化后，不能冲动发展。

——《历史上中华国民事业之成败及今后革进之机运》

国民能力之发动，恒借反拨力为导线，无反拨力，则本能或永远潜伏，且致萎缩。

——《历史上中华国民事业之成败及今后革进之机运》

"中华民国"一名词之成立，即中华国民在人类进化史上之一奇绩也。夫世界上之国民亦多矣，吾何为独以此自奇，须知以如此庞大之民族，散布于如此广漠之国土，数千年继继绳绳，日征月迈；在我民固视之若素，然以世界史的眼光观察之，实邈然更无匹俦。而我国民过去之精力，盖什有九消耗于此间；别方面事业之所以停顿，其总根源实坐此。

——《历史上中华国民事业之成败及今后革进之机运》

吾侪治西洋史，当知有所谓"中世黑暗时代"者：此时代所阅凡千二百余年；其社会状况如其名，文化一切停滞，政治日在扰攘不安之中；凡读史者，率厌弃之。虽然，当知此时代在全部世界史中有一绝大之价值焉：盖现在欧洲各国之国民，皆于此时代胎孕醇化，确立其"国民的"基础；专为此一大事，耗其全部之精力，不遑他及；故政治上、学术上、文艺上更无一优异之点而称道。然而经此一度胎孕醇化以后，各国国民的特性，完全成就；故一入近世，举其千年间磅礴积者，次第尽量发挥，则光华骤发，沛然莫之能御。由此观之，千余年之黑暗，非其人根性劣薄所致，盖"形成国民"之一大事业，比诸比何事业皆倍极艰辛；譬诸个人，自处胎、出胎、褓褓、总角以逮成年，凡种种有意识无意识之作为，皆不过将来之预备；虽无甚成绩足记录，然所费奋斗自立之工，实占全生涯重要之一部分。一国民之自立于世界，亦如是而已。

——《历史上中华国民事业之成败及今后之革进之机运》

畴昔外人，动以老大帝国诮我，以吾观之，乃适得其反；

天下惟早熟者始早老，以吾国民器宇之伟大，其熟也自不得不迟；盖此"中华国民"之一人格，直至最近百数十年间，开始渐达于成年；前此百难千灾，幸不夭折，今乃俨然壮夫矣。

——《历史上中华国民事业之成败及今后革进之机运》

我国民能担历尔许艰瘁，自扩大其民族而完成之，就事业本身论，其为一种大成功，固甚易明。究竟此种事业，在人类史上有价值否耶？质言之，对于人类全体进化之贡献，能认为一种成功否耶？吾敢直答曰，"然也"。人类进化大势，皆由分而趋合；我国民已将全人类四分之一合为一体，为将来大同世界预筑一极强之基础，其价值一也。凡大事业必由大国民创造，取精由宏，理有固然；征诸史迹，未始或忒；我国民植基既广厚，将来发摅必洪大，其价值二也。

——《历史上中华国民事业之成败及今后革进之机运》

我国民大成功之根本理想，则世界主义也。"国家"一语，有若何特别重大之价值，我国民殆不甚理解。我国伦理之系统，曰修身、齐家、治国、平天下。以个人为起点，以世界为极量，而国家则仅与家族侪伍，同认为进化途中之一过程。故其所最乐道者，曰"天下一家"，曰"四海兄弟"，其所以汲汲焉务醇化异族者，非认为权利，乃认为义务。

——《历史上中华国民事业之成败及今后革进之机运》

我国民不见有世界，不见有国家，故凡人类因有国家所受之恶结果，我国民受之殊鲜；虽然，同时人类因有国家所受之结果，我民受之亦鲜焉。此种世界主义的理想，我国民五千年来，皆恃此为成功之一大根源。

——《历史上中华国民事业之成败及今后革进之机运》

考阶级之兴，大抵起于异民族相互间，或战胜于外，俘敌为奴，或侵入者对于原住民不屑与伍，或对于流寓寄栖之族，别立限制，大抵血族的自慢性为其主因，而宗教的排轧性辅之。我国民则此等观念根本不存，故所谓阶级者亦根本不能成立。

——《历史上中华国民事业之成败及今后革进之机运》

就大体论之，自汉以来，国民之公私权乃至生计的机会，皆可谓一切绝对的平等。此庞然四万万之大族，所以能搏挽不破裂者，职此之由，此其所长也。然我国民坐此失败者亦数端焉：其一，近世代议制度之逮立，实以阶级精神为中坚；既未能发明更优于代议制度之政制，而我以绝无阶级根据之国向人效颦，势必以失败终了。其二，人类之互助性，恒发起于局部的而渐次扩大；又必有所对待，然后团结力始增；就此点观察，则阶级之为物，实为人类进化不可缺一之工具；我国民以绝无阶级故，全国成为平面的，反散漫而末❶由搏挽。其三，现代新阶级发生，全以“生计的”地位为分野，前此之血族的宗教的阶级，已成陈迹；我国民虽未受旧阶级之毒，然今后新阶级之发生，终不能免，所谓“绝对平等”者，权衡将破；不别谋所以顺应之，其敝或视他国更甚。

——《历史上中华国民事业之成败及今后革进之机运》

我国民之中庸妥协性，世界无两也。无论对个人对社会，对自然界，最能为巧妙的顺应，务使本身与环境相妥协；而其妥协，且比较的常为“合理的”，此中国人一种特别天才也。其窍妙之点，则在万事不走极端，而常范以中庸。

——《历史上中华国民事业之成败及今后革进之机运》

我国民不肯为极端的确执故，故个人之道德，最尚者“随

---

❶ “末”，疑为“未”。——编者注

遇而安"，政治之极言，最贵者"礼让为国"。坐是其包容函孕之力极大，若汪汪千顷之波，无所不受，鱼龙杂沓，砂石堆礴，而不相冲碍也。故含纳种种民族、种种宗教，而皆相忘于江湖，未或龃龉破裂；天灾人祸，无岁无之，而一一顺受，不大蒙其摧拆。

  ——《历史上中华国民事业之成败及今后革进之机运》

  老氏之说，所谓"以柔道取天下"者，实我国民之最擅长也。以此之故，其所最贵者，厥惟秩序。务使其包含之种种异质与随时变化之环境相应，常处于有伦有脊的状态。急剧之革命事业，我国民所最不喜且最不惯也；故虽有革命，旋必以妥协终了，于社会根本组织，曾无影响焉。此种特性，为消极的保存作用计固甚优，为积极的发展作用计则甚劣。盖事事务与环境相妥协，固不至蒙环境过剧之压迫而自摧残，然终亦无力以改造环境使之顺应于我；则我之命运，强半为环境所左右。必俟环境自然改善，而我之地位乃始向上。夫所贵乎优等民族者，贵其常能以自力劈开生面，为人类全体进化之先导而已；我国民之消极妥协性，吾不敢谓其对于改善环境绝无效力，然其效力既甚缓而甚微，此又我国民过去失败之一征也。

  ——《历史上中华国民事业之成败及今后革进之机运》

  国民思想之统一，此我国民一大成功，同时亦我国民一大失败也。我国春秋战国间，思想界最称复杂；秦汉以后政治渐趋统一，而思想之统一亦随之。其统一以孔子为中心，固也；然犹不能尽归诸孔子，实则融合前此九流百家之思想，经一度中庸妥协，渐成为一种有体系之国民思想。其在宇宙观，则崇拜自然也，信任命运也；其人生观略如前所述，爱秩序也，重妥协也，厌干涉也，尊平等也，尚大同也；其演为制度者，则家族在各级团体中占最重要之地位，与国家齐伍，人人皆为家族之一员而负最大之职责也；政治与社会全然分离，政治恒委诸少数人之独裁也：凡此等等，深入人心，不知不觉间，形成全国民普遍共有之思想。此等思想之本质为优为劣，固属别问题；然所以能历数千年以形成"中华国民"者，必以此为根核，至易明也。因此之故，国民视其固有之传统的思想，若神圣不可侵犯，而尤以其能统一自豪，一若思想之统一一破，即民族与文化随而沦亡，对此生无限疑惧焉。凡与固有思想稍涉冲突之思想，非惟不取以出诸口，且并不敢以措诸虑；不宁惟是，凡固有思想所演生之制度，在今日久已与环境不相应者，亦珍护之惟恐失坠。

——《历史上中华国民事业之成败及今后革进之机运》

凡人对于其所曾借以成功之具，倍加眷恋，盖情之常；前此我国民对于固有之思想及制度，倘非笃守珍护如彼其力，或者吾文化早被劣族蹂躏，或为自然界所压迫淘汰，皆未可知。然一方面须知以思想统一制度固定之故，乃使全国人如同范一型，各人之个性，为此型所吞没以尽；即就过去历史论，其损失固已不细。今民族既已完全形成，颠扑不破，前此统一所需工具，今已应在"功成者退"之列。思想分野之割据，决不至影响于民族之生存；若犹欲以统一的思想束缚个性，直自侪于劣败之林而已矣。

——《中华国民事业之成败及今后革进之机运》

我国民过去数千年之精力，大半尽费之于"形成国民"之一大事业，其"发达国民"之事业，今后方当着手。

——《中华国民事业之成败及今后革进之机运》

我国民之形成，在人类全体上，有莫大之价值；其将来之发展，亦当有同等价值。

——《中华国民事业之成败及今后革进之机运》

世界大同之理想，在过去为成功，在将来亦为成功；不必以目前之失败介意，我国民宜常保持此"超国界"的精神，力求贯澈❶。

——《中华国民事业之成败及今后革进之机运》

人类平等之具体的实现，为我国民对全人类三大责任；以本无阶级之国，宜一面设法永杜阶级之发生，一面于阶级争斗以外，为世界人类别辟一"平和的平等"之途径。

——《中华国民事业之成败及今后革进之机运》

国内现象之泯梦，皆由模范十九世纪之欧洲制度，不能学其所长而尽袭其所短；例如政党政治、军国主义等，皆为我国民性所不习，而其本质亦并非善良；我学之失败，未足引为悲观；今后但当善用国民性之所长，别开新路。

——《中华国民事业之成败及今后革进之机运》

各国相竞于扩张军备，日夜无休息时。军费递年增加，常占国家经费全部十分之六七。科学之发达，强半应用之以改良军械，陆海空各方面，咸研习相斫术；蓄养实力，惟恐后时而各国之治兵，各有其心目中所对待之国或数国，常比例之以为搜讨军实之标准；故虽曰冠盖往来，缟纻投报，实则刹那刹那间，常瞋目相视，互思所以扼其吭而割刃于其腹，伺机即发；其未发者，莫敢先动耳。若此者，无以名之名之曰"军容的平和"。夫欲筑平和之殿宇，而以军容为之基础，此何异以炸弹支床，以棉药为茵，而谋寝处侵息于其上？此其不容即安，五尺之童所能睹也。

——《欧洲大战史论》

❶ "贯澈"，今作"贯彻"。——编者注

夫既国与国并峙而相竞，惟广土众民者，乃能上人，此事理之至易明者也。既以一民族组织一国家，苟其国家之容积与民族之容积适相吻合，而无复有一同族之民受治于他国，斯亦已耳；如其有之，则其外属之族姓，恒思内向，而其族之宗邦，恒思外吸，此又自然之思也。

——《欧洲大战史论》

夫以国供他人竞争之目的物者，逮竞争之胜负既决，则物有主而目的消灭；此其为自作孽不可活，固无论也。而以其酝酿竞争促进竞争之故，而竞争之两造，固不得不蒙其害；律以春秋之义，虽谓之罪累焉可也。夫明乎民族国家主义发展之情状，与国民生计剧竞之大势，则于今兹战役之总原因，思过半矣。

——《欧洲大战史论》

夫国之欲自存也，谁不如我地位相逼，而驯至利害不两立，则竭全力以争于毫发之间，谋国者所宜尔也。

——《欧洲大战史论》

呜呼！我国民志气之销沈❶，至今日而极矣。当前清光宣之交，吾睹全国阴森之气；吾既深痛极恸，尝为之言曰："人人皆有我躬不阅遑恤我后之心，乃相率为且以喜乐、且以永日之态；以为此似暮气充塞之国，才焉其何以终日？"由今思之，彼时譬犹深秋，百卉菱黄，群动凄咽已耳。至今日乃真晦盲否塞，寒沍愗慄，含生之侪，几全丧其乐生之心。举国沉沉然；若歌薤露以即墟墓。

——《大中华发刊辞》

全国人之心理，几以中国必亡为前提。其大多数茧茧之

氓，既懵然莫识祸难之所由来，与其所终极，惟宛转愁叹于生计之艰难。弱者随自然淘汰之势，转死沟壑；悍者黠者，攘夺骗窃，愍不畏死以徼目前。斯固无论矣，而号称士大夫为全国全社会之中坚者，徒以怀抱中国必亡之心理故，而种种促之使亡之事实，乃因缘而发生。其血气用事者，以为等是亡也，毋宁亡于吾手，如昔人所谓"时日曷丧，予及汝偕亡"，于是日谋构乱煽祸，以破坏秩序。诘之曰："以若所为，足救国乎？"则应曰："吾知其不能也，吾快吾意而已。"此亡国心理之一种也。

——《大中华发刊辞》

夫人虽至愚，亦何至凡百不豫备而好为亡国之豫备？人虽至不肖，亦何至发愤以自力促其国之亡？而全国心理乃几尽趋于是者，此无他故，彼其二十年来经历内界之挫蹶、外界之刺激，而中国必亡之想象，乃愈演而愈深，驯至盘踞人人心中而不能自拔。

——《大中华发刊辞》

国之成立，恃有国性：国性消失，则为自亡；剥夺人国之国性，则为亡人国。国之亡也，舍此二者，无他途矣。国性之为物：耳不可得而闻，目不可得而见；其具象之约略可指者，则语言文字、思想宗教习俗，以次衍为礼文法律。有以沟通全国人之德慧术智，使之相喻而相发；有以网维全国人之情感爱欲，使之相亲而相扶。此其为物也，极不易成；及其既成，则亦不易灭。岂惟不易灭，以物理学上质力不灭之真理律之，盖有终不得而灭者矣，是故东西古今已亡之国，或其本无国性不能称为国者也；或其国性尚未成熟，而猝遇强敌，中道夭于非命者也；或有国性而自摧毁之者也；其国性已成熟不自摧毁而卒见亡者，未之或闻。

——《大中华发刊辞》

我国最近之将来，能保无扰乱乎？吾不敢言。能保领土无一部分丧失乎？吾不敢言。甚至能保行政权无一部分受掣肘乎？吾不敢言。独其不至于亡，则吾敢言之。然但使能不至于亡，则吾国民所以自处而善其后者，既绰绰然有余裕；我国民诚有此种明了坚强之自觉性，则所以保国者其必有道矣。

——《大中华发刊辞》

夫我国民曷为积年所希望、所怀想遽一空而无复余，则以其所希望所怀想者，专属于无根蒂、无意味之政治生涯。则其于自身前途之失望，固宜十人而八九；而对于国家前途之失望，则亦随之。此所以举国沉沉，悉含鬼气也。

——《大中华发刊辞》

既已国于大地，则于万国公伺之规律，更安得昧昧？夫既弱而不竞矣，而又并公律之稍稍足资保障者而不识其用，是益自取削亡之道也。

——《国际立法条约集序》

吾闻之国家之所以竞于外者，非直卿尹百僚所有事而已，而在共和国之国民。其参与外交之范围亦加广，使国民而缺乏外交学之常识，其直接间接以误国家大计者，又岂知所届？

——《国际立法条约集序》

国于今日之世界，而智、德、力三者与他国不能保持平准，则国家终必沦胥灭裂，无可逃避，此义亦夫人能言之。然欲举其实，则真所谓七年之病求三年之艾，负无穷之大任者，则今日在学校中之学生而已。

——《清华学校中等科四年级学生毕业纪念册序》

夫使先辈而能支柱此国家，则国家又何至有今日？既已不能，则无量数艰巨之业，尽压于吾侪之仔肩。

——《清华学校中等科四年级学生毕业纪念册序》

夫先辈所以不能支柱此国家，岂必其天赋之才力有所不逮？毋亦前此所学不适于新时代之要求，而知德力之发育，有所未尽也！先辈以大业付吾侪，为吾侪所以养成负荷此大业之能力；其用心则既苦，而责任亦略尽矣，而终能负荷与否，则吾侪之责也。

——《清华学校中等科四年级学生毕业纪念册序》

凡人必自知其所居之地位为何等，然后有自觉心，有自觉心，然后有责任心；有责任心，然后能践其责任以有所成就也。若此者，个人有然，团体亦有然；故为国民者，不可不洞观世界形势，以求知本国所处之地位为何等？为政党员者，不可不洞观国中形势，以求知本党所处之地位为何等？

——《共和党之地位与其态度》

今日中国之地位，乃立于可以进化，可以退化之中间；而进退惟国人所自择者也。

——《到京后第一次欢迎会演说辞》

吾国人之惰力性，受诸先天而不易拔，事过境迁，遽复其旧。据鄙人归国后观察隐微，此惰力性已渐渐发现而侵入于多数人之心矣。其乐视者流，谓经此变革，国家当能自致太平，漠然不复知忧危，惟乘此以营其私计；其悲观者流，谓纪纲法度，废坠至此，人心风俗，败坏至此；陆沈在即，无复可救，吾亦惟颓然自放，委心任运而已。此两种观察虽不同，要之其为惰力性则一也。实则乐观者识量固陋下，悲观者志行亦薄弱。从来国家之兴衰，世运之隆替，皆由少数人以筦其枢耳；

凡欲我就一事业者，必须责任心与兴味心两者具备。

——《到京第一次欢迎会演说辞》

和衷共济，国民美德；今以奋斗为训，似与协和之精神相背，然奋斗为成功之母。美国前大总统罗斯福常盛道之，以此振美国国民之精神焉。此不独政党为然，盖人生实与奋斗常相终始也。

——《莅民主党欢迎会演说辞》

一国之中，先知先觉者实居少数；其大多数，只能见近而不知远，见小而不知大，必俟先知先觉者之告诫而后能知能觉者也。当其未知未觉之时，先知先觉者欲使之趋于进步之正道，其必有所不愿而起反对；非有奋斗之力量，又岂能知后知而觉后觉哉？先知先觉之所以有益于国民者，全恃此奋斗之力量耳！

——《莅民主党欢迎会演说辞》

公民之于共和国，其责任之重，远非君主专制国之人民可比。昔焉依赖一二人，置国事于不问；今焉国家大政，因全国公民之意思而决。此公民之地位所以为神圣也。

——《莅北京公民会八旗生计联合欢迎会演说辞》

夫国中政党，常不止一，各以所见为是非。吾公民既有智识以判断其是非，尤不可不备强毅之志气，于判断之后，进而实现其所信。盖但有知识而无此志气，决不能作共和国之中流砥柱也。

——《莅北京公民会八旗生计联合欢迎会演说辞》

共和国所以异于君主专制国者，其对于国家之根本观念异也。君主专制国，以君主为主体，国家为客体；君主与国家成对待相。故以国家为君主所有物，而国人之奔走于君主权力之下者，亦皆认国家为其所有物，种种流弊，缘此而生。共和国之所以成立，由其人民皆知国家为一团体，为一法人。然团体、法人之义，非深明佛法者不能言其故也。

——《莅佛教总会欢迎会演说辞》

夫国家者，视之无形，听之无声者也，而却有真实之本体，历劫常在。此本体立夫全国人民之上，而实存乎全国人民之中；指四万万人即为中国不可也，离四万万人以求中国亦不可也。

——《莅佛教总会欢迎会演说辞》

共和国之国民，人人有自由，即当人人能服从；不然，势成人人相抗之象，秩序危殆，将国不国。而欲养成此服从之德，在共和之国，舍教育以外，殊无他途可言；固不若专制之国，以威力胁迫人民服从，不问人民之能服从与否也。

——《莅北京大学校欢迎会演说辞》

鄙人于万事悲观之中，默察近十余年风气变迁之潮流，及国人心理之趋向，则知吾国人具有一种特质，即好善而能虚受是矣。

——《答礼茶话会演说辞》

天下事长短相依，利害相伏，吾国人性质之优点既若是，而弊亦随之轻躁喜动，乏抉择之力一也。暂动又止，不能为继续秩序之进行二也。因此二弊，凡提倡风气者，甲有甲说，乙有乙说，而附和之者，常不乏人。且社会之活动，常如水幻泡影，不移时而止。凡一种国民的活动，其始未尝不见效，然社会及政府根本改造，不能生大影响者，弊皆在此。鄙人以为欲矫此弊，在国人之倡道而已。

——《答礼茶话会演说辞》

今日筹划国家之大任，非一党私见之所能尽也。对外问题，不能一二数，谓一党之力能解决之乎？对内问题，不止一二数，谓一党之力能解决之乎？以今日外界之逼迫，建设之艰难，虽合各党之心思才力，尚犹恐有所未周；谓以一党之力能转运其间乎？今日党之自待，与国人之待党，恐不足见信。

——《答礼茶话会演说辞》

处今弱肉强食之世，非能竞于外者不可以为国，此稍有识者所同知也。虽然，尤有一义焉：为国人所当常目在之者，曰外竞固恃兵也；然非惟兵之恃，凡内政不修明之国，而能竞于外，未之前闻。

——《军事费问题答客难》

凡国家非有一机关焉，为国民信仰之中心，则决无从挽搏其民以维持其国。

——《国会之自杀》

人人皆知将来之局不堪设想也，则以不设想了之，于是乎人人皆无将来。夫国中人人皆无将来，而国家犹有将来，非所闻也。

——《一年来之政象与国民程度之映射》

我国虽积弱已甚，而国民常自觉其国必能岿然立于大地，历劫不磨；此殆成一种信仰，深铭刻于人人心目中，而未由拔。故所谓某国党某国党者，终古决不能出现于我国中。凡以正义待我者，无论何国，吾皆友之；凡以无礼加我者，无论何国，吾皆敌之。

——《中日交涉汇论》

能相信则最易缔亲交；若相疑亦最易生冲突也。

——《中日交涉汇论》

三、国家

145

国于天地，必有与立；国之所以与立者何？吾无以名之，名之曰"国性"。国之有性，如人之有性然：人性不同，乃如其面，虽极相近而终不能以相易也？失其本性，斯失其所以为人矣。惟国亦然，缘性之殊，乃各自为国以立于大地；苟本无国性者，则自始不能以立国。国性未成熟具足，虽立焉而国不固，立国以后而国性流转丧失，则国亡矣。

——《国性篇》

国性无具体可指也，亦不知其所自始也，人类共栖于一地域中，缘血统之聊合，群交之渐剧，共同利害之密切，言语思想之感通；积之不知其几千百岁也，不知不识而养成各种无形之信条，深入乎人心，其信条具有大威德，如物理学上之摄力，搏挽全国民而不使离析也；如化学上之化合，镕冶全国民使自为一体而示异于其他也。积之愈久，则其所被者愈广，而其所篆者愈深。退焉自固壁垒而无使外力得侵，进焉发挥光大之以加于此，此国性之用也。就其具象的事项言之，则一曰"国语"，二曰"国教"，三曰"国俗"，三者合而国性仿佛可见矣。

——《国性篇》

国性可助长而不可创造也，可改良而不可蔑弃也；盖国性之为物，必涵濡数百年，而长养于不识不知之间，虽有神圣奇哲，欲悬一理而咄嗟创造之，终不克致。

——《国性篇》

当国性之衰落也，其国人对于本国之典章文物纪纲法度，乃至历史上传来之成绩，无一不怀疑，无一不轻侮，甚则无一不厌弃。始焉少数人耳，继则弥漫于国中；及其横流所极，欲求片词只义足以维系全国之人心者，而渺不可得。

——《国性篇》

国民既有一种特异之国性，以界他国而自立于大地；其养成之也，固非短时间少数人所能有功；其毁坏之也，亦非短时间少数人所能为力。而生其间者，苟常有人焉发扬淬厉之，以增美释回，则自能缉熙以著光晶；而不然者，则积渐堕落，历若于岁月而次第失其所以自立之道耳。

——《中国道德之大原》

古代国家统治权集于君主，国家抽象而难明，君主具体而易识，于是有忠君之义。然我国之所谓忠君，非对于君主一自然人之资格而行其忠，乃对于其为国家统治者之资格而行其忠。此其义在经传者，数见不鲜也。故君主不能尽其对于国家之职务，即认为已失统治国家之资格；而人民忠之之义务立即消灭。

——《中国道德之大原》

一国之道德，必有其彼此相维之具；废其一而其他亦往往不能以独存。一国之信仰，国人恒终身由之而不知其道，一怀疑焉，而根柢或自兹坏也。

——《中国道德之大原》

无对抗力之国民，其起革命于国中也甚易；及其既起，而景从者必甚众。何也？以平居无对抗力之故，听强权者之自恣以成为专制；专制之下，其愁苦而思乱者，本十人而八九矣。徒以劫于专制淫焰之方张，不获有所逞；然而能专制者，恒存乎其人，人亡而威弛焉。一弛，则枭桀者乘之而起矣。枭桀起则强权之中心点随而转移。以久习于服从强权之人，则视强权之所趋而膜拜于其后，固其所也。

——《政治上之对抗力》

人民于内政上失其对抗力，则国家于外交上，又未有能保其对抗力者也，举国皆柔懦巧媚之民，政治现象与变愈下，外力乘之，待亡而已。

——《政治上之对抗力》

今欲锻炼吾民，使具足今世国民之资格，以竞胜于外，必先之以整肃之治，然后能为功；则人民之行使参政权，自不必过其度。

——《宪法之三大精神》

一国所以能立于大地而日进无强者，非恃其国民之智识也，而恃其品性。

——《欧洲政治革进之原因》

凡一国之所以与立者，必以少数之上流社会为之中坚；而此少数人品性之高下，即为一国荣淬所关。

——《欧洲政治革进之原因》

一国之所以立，必有其全国共同最高之信仰，于以控搏国民而鼓铸之，然后其民乃得有力以自进于高明之地也。

——《欧洲政治革进之原因》

凡国民之活动，以感情为唯一之动机者，即程度幼稚最确之表示也。

——《说幼稚》

凡能合群以成国，且使其国卓然自树立于世界者，必其群中人具有知己知彼之明者也。若是者，无以名之，名之曰"国民自觉心"。然欲使此自觉心常普遍而明确，则非国中之大君子常提命之而指导之不可。而欲举提命指导之责者，其眼光一面须深入国群之中，一面又须常超出于国群之外，此为事之所以至不易也。

——《敬举两质义促国民之自觉》

夫国家而欲求国力之充实滋长，惟当设法使全国各种类之人，皆能如其分量以尽其才用。个人而欲自树立于社会者，亦最宜自察才性之所近，而善推之以致用立业。若是者，吾名之曰"个性发育主义"。个性发育主义者，无论为社会全体计，为个人计，皆必要而至可尊也。

——《作官与谋生》

无论何国之国民性，莫不各有其天赋之优点焉，亦莫不各有其天赋之弱点焉。所贵乎有国家者，国家之施政，当务利用国民性之优点而善导之，使之继长增高；其弱点则以渐矫正而涤荡焉。此如圉人之蕃息騄●牝，场师之树艺甘木，取其种性之善良一部分，专保育而发达之；其梏窳之一部分，则压之勿使发，或排而去之，使之日迁善而不自知。近世进化论所谓人为淘汰之作用是也。

——《罪言》

《易》曰："革去故也，鼎取新也。"曩者朝代嬗易，取义于斯，字曰鼎革。故当一姓之初兴也，自其典章制度人物以至礼教习俗，皆豁然昭苏，而有以新天下之观听，以校前代之末流，厘乎若有鸿沟以为之界也。无以名之，名之曰"开国气象"，此气象非可袭而取，非可伪而饰也。

——《罪言》

夫敌国外患之乘，最足以促国家观念之发达，此有生之恒情也。我国频年以来受创宁得复云不巨，负痛宁得复云不深；使爱国之本能犹未尽沦，则经此百罹，法当蓬勃而未由自制。然而其日斫丧日萎缩乃反若是，稍见远者，共知人民与国家休戚漠不相关，则国必终于无幸，日日谋所以振起而联属之。

——《痛定罪言》

● "騄"，无今字，古指高七尺的马。——编者注

大抵爱国之义，本为人人所不学而知，不虑而能；国民而至于不爱其国，则必执国命者厝其国于不可爱之地而已。

——《痛定罪言》

夫一国之命运，其枢纽全系于士大夫；征诸吾国历史有然，征诸并世各国之现象亦莫不有然。盖所谓士大夫者，国家一切机关奉公职之人，于此取材焉；乃至社会凡百要津，皆所分据也。故不惟其举措能直演波澜，即其性习亦立成风气。

——《痛定罪言》

一国之大，而以良心麻木者为之中坚，权力之渊源由兹焉，风气之枢轴由兹焉，其极乃演为社会良心之麻木。社会良心麻木之征象奈何？善与恶之观念，已不复存于社会；即善恶之名目犹存，而善恶之标准，乃与一般人类社会善恶之公准绝殊。而人人之对于善与恶，皆无复责任。凡人于此社会之人，其良心即无复提出之余地；不之信焉而姑撄其锋，有见蹩于社会之陪陬，而佗傺憔悴以没耳。

——《伤心之言》

凡人类皆有公共之弱点，而一国民又各自有其国特别之弱点，一时代之人亦各有其时代之特别弱点。自爱之士，善自矫正其弱点而已！爱国之士，善矫正其国民、其时代之弱点而已。枭雄之夫则反是：国民无弱点，则枭雄遂无以自存。故国民弱点，实枭雄唯一之凭借；而利用国民弱点，则枭雄成功之不二法门也。

——《伤心之言》

今代时势之迁进，月异而岁不同，稍一凝滞，动则凌夷；故国有家者，恒兢兢焉内策而外应，若恐不及。然则今日世界作何趋势？我国在世界现居何等位置？将来所以顺应之以谋决胜于外竞者其道何由？此我国民所当目在之而无敢荒豫者也。

———《中国立国大方针》

人民能建设完全国家者，则日以荣，其不能者则日以悴。夫国家如何而始为完全？其分子调和，其结合致密，能持久而不涣者，斯可谓完全也已矣！今夫物质至稀松者为气体，一吹荡即散矣；稍进为液体，控搏由人焉，更进为固体，尤坚贞者若金玉之属，则颠扑不破也。国家进化之状态，大约类是：有仅能为气体的结合者，不旋踵而澌灭；有仅能为液体的结合者，虽幸存而不竞焉；其真能为固体的结合，坚贞若金玉者，全世界数国而已。

———《中国立国大方针》

三、国家

国家保育之分际，当以国民发达之程度为衡：发达在幼稚之域者，其所需保育之事愈多；愈进焉，则其事愈减。而后此保育递减之率，恒视前此所已施之保育为反比例。

———《中国立国大方针》

国家之目的，在使人各应于其本能，以各自求得其圆满之乐利。而缘历史沿革，与事会之遭际，则国中恒生出特别阶级，占种种优胜之地位；而此阶级以外之人，遂末由发挥其天才。故百年前学者，以谓自由竞争两者遂底于平，最近二三十年，乃知绝对的自由竞争，适以资豪强兼并之利器。多数之民，反不能得均等机以自树立；故必赖有一种最高之权力，立乎一般人民之上。抑强扶弱，匡其泰甚者，以诱掖其不逮者；然后个人能力，乃得以平等发挥而无所阂。

———《中国立国大方针》

今兹为国与国竞之世，各国人民之与他国人民交涉也，不专以个人资格，而恒恃国家盾乎其后。多数事业，绝对的为个人之力所不能举，必依赖于国家；其次者亦必须为国家之整备机关，以资人民之利用。

——《中国立国大方针》

我国之敝，乃缘当政治之冲者，懵然不知国家目的为何物；国家固有之职务，不能假手于其机关以实践之。人民进无所怙恃，则不得不退而各自为谋；各自为谋而无董率之者，则步伐势不能齐整，散漫无纪，终不能吻合以成一体。公共心日以消乏，而公共事业遂无一能举。其对于国家也，觉其所能翼覆我者至有限；坐是国家与身家之联锁至弱，而浓挚之爱情，末由发生。

——《中国立国大方针》

大抵今日大患，在全国民距心力发动太盛，而向心力失其权衡。非惟政治上为然也，即道德习俗，莫不皆然，无以节之；必至社会性全然澌灭，何以为国！

——《中国立国大方针》

共和国以人民全体为国家最高机关，而选举者则民意之所由表示也。故必有真选举，然后有真民意；有真民意，然后意之真共和。

——《中国立国大方针》

天下之盛德大业，孰有过于爱国者乎？真爱国者，国事以外，举无足以介其心；故舍国事无嗜好，舍国事无希望，舍国事无忧患，舍国事无忿懥，舍国事无争竞，舍国事无欢欣。真爱国者，其视国事无所谓艰，无所谓险，无所谓不可为，无所谓成，无所谓败，无所谓已足。真爱国者，其所以行其爱之术者不必同：或以舌，或以血，或以笔，或以剑，或以机；前唱于而后唱喁，一善射而百决拾。有时或相歧，相矛盾，相嫉敌，而其所向之鹄，卒至于相成相济而罔不相合。

——《意大利建国三杰传》

中国民族之武，其最初之天性也；中国民族之不武，则第二之天性也。此第二之天性，谁造之？曰：时势造之，地势造之，人力造之。

——《中国之武士道序例》

国中自昔非统一也；由万国而三千，而八百，而百二十，而十二，而七，而归于一。其间竞争剧烈，非右武无以自存。盖一强与众弱遇，弱者固弱，强者亦不甚强；数强相持，互淬互厉，而强进矣，其相持者非必个人也。强群与强群相持，其强之影响，遍浸渍于群中之分子，而个人乃不得不强。此春秋战国间，所以以武于天下也。抑推原所自始，则有外族间接以磨厉❶而造成之者，功最多焉。

——《中国之武士道序例》

夫导国民以知尊其先民，知学其先民，则史家之职也。我国以世界最古最大之国，取精多而用物宏，其人物之瑰玮奇特，复非他国之所得望。而前此之读书论世者，或持偏至之论，挟主奴之见；引绳批根，而非常之人，非常之业，泯没于谬悠之口者，不可胜数也。

——《管子传序例》

凡员颅方趾以生于今日者，皆以国家一分子之资格，而兼有世界人类一分子之资格者也。惟其有国家一分子之资格，故不可不研求国家之性质，与夫本国之情状，而思对于国家以有所自尽。惟其有世界人类一分子之资格，故不可不研求世界之大问题及其大势之所趋向，而思所以应之。抑世界之大问题反

---

❶ "磨厉"，当为"磨砺"。——编者注

其大势所趋向，又不徒影响于世界上之个人也，而实大影响于世界上之各国。故以国家一分子之资格，愈不可以不知世界；今我国人于世界的智识之缺之，即我国不能竞胜于世界之一大原因也。

——《社会主义论序》

夫国家之对于国家，谁则无野心者？如两军遇于战场，其磨刀霍霍，以互相欲屠，固其所也。我怨骂彼，彼遂能因我言而辍其谋乎？若云以此警告国人，斯固宜然也。然警告之本意，固当使国人知现在时势如此其危急，尤当使之知所以致此危急之由。其原因皆在政府之失政，缘此而知改造政府之万不容已，则所警告者为有力矣！而不然者，虽四万万人人人皆瞋目切齿于外国之谋我，顾能以个人之力，各各持梃以抗之乎？盖人之谋我者，乃挟其国家之力以谋我；我欲与之抗，亦维挟国家之力以与之抗。而司国家之总枢机者，实维政府。故欲使国民敌忾心得有道以自效者，非先得一良政府以统率之于上，决无当也。

——《与上海某某等报馆主笔书》

国家之目的，一方面谋国家自身之发达，一方面谋国中人民之安宁幸福；而人民之安宁幸福，又为国家发达之源泉，故最当首注意焉。人民公权私权，有一见摧抑，则民日以瘁，而国亦随之。然欲保人民权利，罔俾侵犯，则其一须有完备之法律，规定焉以为保障；其二须有独立之裁判官厅，得守法而无所瞻徇。

——《政闻社宣言书》

民气弱之国，为民上者最易，而国恒替；民气昌之国，为民上者最难，而国恒强。故今日为文明之首长者，既不可无非

梁任公语粹

常之勇气，常立于战场，冒险决死以伸政策；尤不可不以非常之公心，顺揣舆情；着着为公利公益着想，乃可以安其位保其身。吁，其难哉！

——《自由书·难乎为民上者》

夫国为万众所托，而其受命与天无极，自非乱亡，则逋责之忧，末由而起。是故信用博而称贷易也，而可似毋尽民力而能举大政。不责方今之民以所不能堪，而弛负担之一部分以遗其子孙，则事弗废而民弗病，两得之道也。

——《外债》平议

凡人生于天壤，皆各有所应得之权利，与所应尽之职分。权利者何？人人自保其安全是也；职分者何？人人自谋其安全是也。夫推原国家之所以立，亦不外为人民保安全谋安全耳！其意盖谓一人之力不能自保者，则国家为保之；一人之智不能自谋者，则国家为谋之；此国家之义务也，国家不为民保，不为民谋，是之谓失国家之义务；国民不自保不自谋，而必待命于国家，是之谓失国民之义务。

——《商会议》

凡一国之强弱兴废，全系乎国民之智识与能力；而智识能力之进退增减，全系乎国民之思想；思想之高下通塞，全系乎国民之所习惯与所信仰。然则欲国家之独立，不可不谋增进国民之识力；欲增进国民之识力，不可不谋转变国民之思想；而欲转变国民之思想，不可不于其所习惯所信仰者，为之除其旧而布其新，此天下之公言也。

——《论支那宗教改革》

国家所贵乎有制者，以其内之可以调和竞争，外之可以助长竞争也。二者实相因为用，故可以一贯之，而命之曰"国家

三、国家

155

立制之精神"。其所发表之形式，遵此精神者，谓之"良"；其所发表之形式，反此精神者，谓之"不良"。更申言之，则其立制之精神，在正定各个人之自由范围，使有所限而不至生冲突者，良也。虽有所限，而仍使之各绰绰然有自由竞争之余地，而不妨其正当的竞争者，良也。抑或虽甚妨害其正当的竞争，几夺其自由之大部分乃至全部分，而其立制之精神，乃出于国家自卫所万不容已，则亦良也。如是者谓之良，反是者谓之不良；于专制国有然，于非专制国亦有然。

——《开明专制论》

夫国民意力，为世界上莫强之实力。善其用焉，靡坚不破：以之行政治革命，可也；以之行种族革命，亦可也。国民意力，固自由发动，而有指导焉而为之助者，则其发动也更易而更显，且能合成。

——《答某报第四号对于本报之驳论》

国家之性质及其现象，惟以科学的研究，乃能为正确之说明；此种说明，即所谓法理论也。而国家之灭亡，则国家现象之一种也。若何而为灭亡，若何而非灭亡，不可不求学理以为之根据；而所根据之学理，正确与否此不可不审者一也。学理既正确，而事实与此学理所命之定义，相应或相不应，此不可不审者二也。

——《中国不亡论》

无论何国，凡属政治上大小诸问题其所以恒有论争者，殆皆可谓之缘国内各方面人民有利害冲突之点而起；而其冲突之发动力，或自种族上生，或自宗教上生，或自阶级上生，或自地方上生，或自经济上生：种种不同无国无之。谓解决种族问题，即能解决政治问题者谬也；谓不能解决种族问题，即不能解决政治问题者亦谬也。

——《中国不亡论》

夫国民而诚能利用对外问题以对内，则外侮之来，有时或反为国之福。孟子所谓"无敌国外患者国恒亡"，是其义也。若置内治于不顾，而惟单纯的昌言对外乎？是必终于无效而已。

——《对外与对内》

现今为国家主义全盛时代，人挟其伟大之国力以临我，我非有伟大之国力，决无从对付之。而伟大之国力，非内治组织完备后，决无从发生。凡一切对外论，不可不以此为总前提。

——《对外与对内》

凡国民在腐败政府之下，而欲以私人资格，为强硬之对外运动，其运动无效，则无论矣；苟稍有效者，则外人欲摧灭之，亦易如拉朽。盖国民能力曾不能改造政府者，则必威恶政治如虎者也；而恶政府又畏外人如虎者也。两虎在前，有辟易而已矣！

——《对外与对内》

善夫先哲之言也，曰："自胜之为强。"凡一私人之治身也，盖未有不以省克为自立之基者。轻浮者而不能自克以进于沈实；巽懦者而不能自克以进于刚强；怠荒者而不能自克以进于勤慎：以此立于世，未有不为人役者也。夫国亦何莫不然？大憝蟠于朝宁，不能锄而去之，而谓可以御寇于境外，伊古以来，未之前闻。此如一家主人，常受制于悍仆，欲免邻里之凌蔑岂可得哉？以如此之国民，则虽绝无敌国外患，亦必鱼烂于内而莫之救。此如积年瘵疾者，不必冒风寒然后致死也。以如此之国民，正白拉安所谓"理合永为奴隶自业自得者也"；而犹仰首伸眉以言对外，则亦为外人笑而已矣。

——《对外与对内》

国家为一种有机体，非一时所骤能意造也。其政治现象之变化，必根据于历史。

——《新中国建设问题》

夫国也者何物也，有土地，有人民，以居于其土地之人民，而治其所居之土地之事，自制法律而自守之。有主权，有服从，人人皆主权者，人人皆服从者。夫如是斯谓之完全成立之国。地球上之有完全成立之国也，自百年以来也，完全成立者，壮年之事也；未能完全成立而渐进于完全成立者，少年之事也！

——《少年中国说》

国有三等：一曰"受人尊敬之国"，其教化政治卓然冠绝于环球，其声明文物，烂然震眩于耳目。一切举动悉循公理，不必夸耀威力，而邻国莫不爱之重之。次曰"畏慑之国"，教化政治非必其卓绝也，声明文物非必其震眩也。然挟莫强之兵力，虽行以无道，犹足以鞭笞群雄，而横绝地球。若是者邻国虽疾视不平，亦且侧目重足，动色而群相震慑。至其下者，则蕞然不足以自立，坐听他人之蹂躏操纵；有他动而无自动，其在世界，若存若亡矣。若是者曰"受人轻侮之国"。

——《论中国国民之品格》

凡一国之存亡，必由其国民之自存自亡，而非他国能存之能亡之也。苟其国民无自存之性质，虽无一毫之他力以亡之，犹将亡也；苟其国民有自存之性质，虽有万钧之力以亡之，犹将存也。

——《论中国国民之品格》

凡一国之进步也，其主动者在多数之国民，而驱役一二之代表人以为助动者，则其事罔不成；其主动在一二人之代表，而强求多数之国民以为助动者，则其事鲜不败。故吾所思、所梦、所祷祀者，不在轰轰独秀之英雄，而在芸芸平等之英雄。

——《过渡时代论》

灭国者，天演之公例也！凡人之在世间，必争自存；争自存则有优劣，有优劣则有胜败。劣而败者，其权利必为优而胜者所吞并，是即灭国之理也。自世界初有人类以来，即循此天则，相搏相噬，相嬗相代，以迄今日而国于全地球者，仅百数十焉矣！

——《灭国新法论》

国家自为其生存起见，常或夺国民生命财产之一部分，甚则夺其全部而不以为泰。例如国家用兵于外，直接糜烂人民之生命，间接耗损其财产而无所惜。是其例也。盖谓非如此，则不能保国家之存立而期其发达，而非国家存立发达，则人民利益悉无所丽也。而权衡于国家利益与国民利益轻重缓急之间，此即政策之所由发生也。所谓国家之利益与国民一个人或其一部分人之利益，不能常相合者何也。国家利益与国民全体利益可以谓为同物；然国民全体之利益，与国民个人总数之和之利益，不能谓为同物。

——《说政策》

天下未有无人民而可称之为国家者，亦未有无政府而可称之为国家者。政府与人民，皆构造国家之要具也。故谓政府为人民所有也不可；谓人民为政府所有也尤不可。盖政府人民之上，别有所谓人格之国家者，以团之统之国家握独一最高之主权，而政府人民皆生息于其下者也。

——《论政府与人民之权限》

今世界殆无复容弱国自存之余地；弱国所以能暂存者，以介列于列强之间，而竞争未有所决耳！是故经列强一次战争之后，而弱国之位置必一变；经列强一次协商之后，而弱国之位置必一变。战争者，竞争之极，而胜负已决者也。协商者，各得其所欲而休息竞争者也。两者外形虽不同，而其结果皆自竞争以归于无竞争则同。彼弱国者，徒以为列强竞争之客体，而保其残喘；苟能利用此时机，发奋为雄，脱离竞争客体之地位，而自跻于竞争主体之林，斯最上也。若犹未能，则当期竞争之继续，而毋使其休息。何也？一休息则吾之运命定也。又当使其竞争常出于平和，而毋致交战。何也？既交战则胜负必有所决，胜负决则竞争随而息，而吾之运命亦随而定也。

——《中国外交方针私议》

国家者，在一定土地之上，以权力组织而成之人民团体也。

——《宪政浅说》

"竞争者，进化之母"，此群学家之名言，而实天地间不二之公理也。人类始于竞争，中于竞争，终于竞争；竞争绝则人类亦几乎息矣！社会滥觞于图腾，合无量数之图腾，经若干之岁月，而成为种落。合无量数之种落，经若干之岁月，而成为国家。国家者，实政治势力竞争之成果也。

——《中国国会制度私议》

夫国家之目的，一方面谋国内人民之利益，一方面仍须谋国家自身之利益。凡国家一切机关，皆兼为此两目的而设置者也。谓人民各因其个人利害之故，而始参与国政，此不过十八世纪前个人主义之理想，近世国家主义大明，此说之缺点稍有学识者能知之矣。

——《中国国会制度私议》

凡一国之立于天地，必有其所以立之特质；欲自善其国者，不可不于此特质焉，淬厉之而增长之。

——《论中国学术思想变迁势之大》

国家为人类心理之集合体，苟其人民无欲建国之动机，则国终不可得建也！

——《中国法理学发达史论》

就立国之实际而考之，有两原因焉：一则因不得已而立者也，一则因人之自由而立者也。所谓不得已者何？夫人不能孤立而营生也，因种种之需求不得不通功易事，相聚以各得所欲；此理自亚里士多德以来，学士辈多能论之，皆以为人之性本相聚而为生者也。是故就事实实迹言之，苟谓人类之始，皆一一孤立，后乃相约而成邦国云云，其论固不完善；盖当其未立契约以前，已有其不得已而相处者存也。

——《卢梭学案》

凡各国立国之始，往往有多少之自由主义行乎其间者，夫人智未开之时，因天时人事之患害，为强有力者所胁迫，驱民众而成部落；此所谓势之不可避者，固无待言。然于其间自有自由之义存焉，人人于不识不知之间而自守之，此亦天理所必至也。

——《卢梭学案》

夫国民与社会，非一物也。国民者，一定不动之全体，社会则变动不常之集合体而已。国民为法律上之一人格，社会则无有也。故号之曰"国民"，则始终与国相待而不可须臾离；号之曰"社会"，则不过多数私会结集，其必要国家与否，在论外也。

——《政治学大家伯伦知理之学说》

国家之为有机体，又非如动植物之出于天造也。盖借人力之创作，经累世之沿革，而始乃得成。而其沿革之所自来，厥有二端：一曰，由国中固有之性习，与夫外界事物之刺激而生者；二曰，由君长号令所施行，与夫臣民意志所翊赞而生者，此所以异于天产物也，虽然，造者不同，而为有机体则同。

——《政治学大家伯伦知理之学说》

夫民族者，有同一之言语风俗，有同一之精神性质，其公同心渐因以发达，是固建国之阶梯也！但当未联合以创一国之时，则终不能为人格为法团，故只能谓之"民族"，不能谓之"国民"。

——《政治学大家伯伦知理之学说》

夫共和国者，于人民之上，别无独立之国权者也。故调和各种利害之责任，不得不远求之于人民自己之中，必无使甲之利害，能强压乙之利害，而诸种之关系，常克相互平等，而自保其权衡。

——《政治学大家伯伦知理之学说》

以常理言，则各私人之幸福与国家之幸福，常相丽而无须臾离，故民富则国富，民智则国文，民勇则国强。是此两目的不啻一目的也！虽然，若遇变故，而二者不可得兼；各私人之幸福与国家之幸福，不能兼容。

——《政治大家伯伦知理之学说》

国民之所以能成为国民以独立于世界者，恃有其国民之特性；而国民之特性，实受自历史上之感化，与夫其先代伟人哲士之鼓铸焉。

——《国文语原解》

凡一国之能立于世界，必有其国民独具之特质。上自道德法律，下至风俗习惯文学美术，皆有一种独立之精神。祖父传之，子孙继之，然后群乃结，国乃成斯，实民族主义之根柢源泉也。

——《新民说》

父母之于子也，生之育之，保之教之，故为子者，有报父母恩之义务；人人尽此义务，则子愈多者，父母愈顺，家族愈昌；反是则为家之索矣！故子而逋父母之负者，谓之不孝；此私德上第一大义，尽人能知者也。群之于人也，国家之于国民也，其恩与父母同。盖无群无国，则吾性命财产无所托，智慧能力无所附，而此身将不可以一日立于天地。故报群报国之义务，有血气者所同具也。

——《新民说》

人群之初结也，有部民而无国民，由部民而进为国民，此文野所由分也！部民与国民之异安在？曰：群族而居，自成风俗者，谓之部民；有国家思想，能自布政治者，谓之国民。天下未有无国民而可以成国者也！

——《新民说》

国家思想者何？一曰对于一身而知有国家；二曰对于朝廷而知有国家；三曰对于外族而知有国家；四曰对于世界而知有国家。

——《新民说》

国家者，对外之名词也！使世界而仅有一国，则国家之名不能成立；故身与身相并而有我身，家与家相接而有我家，国

三、国家

与国相峙而有我国。人类自千万年以前，分孳各地，各自发达，自言语风俗，以至思想法制，形质异、精神异，而有不得不自国其国者焉。循物竞天择之公例，则人与人不能不冲突，国把国不能不冲突；国家之名，立之以应他群者也。

——《新民说》

国民者，一私人之所结集也；国权者，一私人之权利所团成也。故欲求国民之思想之感觉之行为，舍其分子之各私人之思想感觉行为而终不可得见。

——《新民说》

夫列国并立，不能竞争则无以自存。其所竞者，非徒在国家也，而兼在个人；非徒在强力也，而尤在德智。分途并趋，人自为战，而进化遂沛然莫之能御。

——《新民说》

夫国家本非有体也，借人民以成体。故欲求国之自尊，必先自国民人人自尊始。

——《新民说》

一国中大多数人，对于国家之尊荣及公众之权利，为严重之保障，常凛然有介胄不可犯之色。若是者谓之民气。民气者，国家所以自存之一要素也。虽然，仅恃民气而国家遂足以自存乎？曰：必不可，何以故？以民气必有所待，而始呈其效力故。

——《新民说》

国家之强弱，一视其国民之志趣品格以为差；而志趣品格，有所从出者，一物焉，则理想是已。理想者何物也？人人胸中所想象，而认为通常至当之理者也，凡无论何族之民，必有其社会数千年遗传之习惯，与其先哲名人之所垂训所传述，

梁任公语粹

渐渍深入于人人之脑中，涤之不去，磨之不磷，是之谓理想。理想者，天下之最大力量者也。

——《国民十大元气论》

　　夫国也者，必其全国之人，有紧密之关系，有共同之利害，相亲相爱通力合作，而后能立者也。故未有两种族之人，同受治于一政府之下，而国能久安者。

——《国民十大元气论》

　　地者积人而成，国者积权而立；故全权之国强，缺权之国殃，无权之国亡。何谓全权？国人各行其固有之权。何谓缺权？国人有有权者，有不能自有其权者。何谓无权？不知权之所在也！无权恶乎起？曰：始也欲以一人而夺众人之权；然众权之繁之大，非一人之智与力所能任也。既不能任，则其权将糜散堕落，而终不能以自有；虽然向者众人所失之权，其不能复得如故也，于是乎不知权之所在。

——《论中国积弱由于防弊》

四、学　术

　　凡学问上一种研究对象，往往容得许多方面的观察，而且非从各方面观察，不能得其全相。

——《学术演讲集》，第一辑第四页，

《评胡适之〈中国哲学史大纲〉》

　　对于各时代真切的背景和各种思想的来龙去脉，应该格外填密❶审查。

——《学术演讲集》，第一辑第四页，

《评胡适之〈中国哲学史大纲〉》

　　古代学问，为一种世袭智识阶级所专有，是历史上当然的事实；既经历许多年有许多聪明才智之士在里头，自然会随时产生新理解；后来诸子学说，受他们影响一定不少。

——同上，第一辑第六页，

《评胡适之〈中国哲学史大纲〉》

---

❶ "填密"，当为"缜密"。——编者注

大抵人类进化到某水平线以上，自然会想到"宇宙是什么""人生所为何来""政治应该怎么样"……种种问题，自然会有他的推论，有他的主张，这便是哲学根核。

——同上，第一辑第七页，

《评胡适之〈中国哲学史大纲〉》

疑古原不失为治学的一种方法，但太过也很易生出毛病。

——同上，第一辑第八页，

《评胡适之〈中国哲学史大纲〉》

《管子》书中许多奥衍的法理，我绝对承认是由后人引申放大；但这引申放大的话，为什么不依托令尹、子文，不依托狐偃、赵衰，不依托子产，独独依托管仲便可以推想管仲和这种思想渊源，一定有些瓜葛。

——同上，第一辑第八页，

《评胡适之〈中国哲学史大纲〉》

凡属波澜壮阔的学术，是从政局较安宁，社会较向上的时候产生出来。

——同上，第一辑第十二页，

《评胡适之〈中国哲学史大纲〉》

应救时弊，自然不失为学说发生之一种动机；但若说舍此别无动机，那却把学术的门庭太看窄了。

——同上，第一辑第十二页，

《评胡适之〈中国哲学史大纲〉》

我想我们中国哲学上最重要的问题是："怎么样能够令我的思想行为和我的生命融合为一？怎么样能够令我的生命和宇宙融合为一？"

——同上，第一辑第二十四页，

《评胡适之〈中国哲学史大纲〉》

167

别要把应用的学问和受用的学问混为一谈。

> ——同上，第一辑第三十七页，
>
> 《评胡适之〈中国哲学史大纲〉》

男女的聪明才力，不能认他有差等，却不能不认他有各自的特长。

> ——同上，第一辑第四十四页，
>
> 《我对于女子高等教育希望特别注意的几件事》

仪器是科学的产物，科学不是仪器的产物。

> ——同上，第一辑第六一页，《美术与科学》

科学最大能事，不外善用你的五官和脑筋；五官脑筋，便是最复杂最灵妙的仪器。

> ——同上，第一辑第六一页

科学根本精神，全在养成观察力。

> ——同上，第一辑第六一页

把自己的观察力养得十分致密，十分猛利，十分深刻；并把自己体验得来的观察方法，传与其人，令一般人都能领会，都能应用。

> ——同上，第一辑第六二页

宇宙是否有绝对的真理，我们越发研究越发怀疑。

> ——同上，第一辑第七十三页，《非宗教同盟》

彼我学说之异同，影响于历史上事实者至大。

> ——同上，第二辑第二十一页，《先秦政治思想》

偶然的事实，不能作为学理的表准❶；学理的表准，是要合必然性的。

> ——同上，第二辑第三七页，《先秦政治思想》

---

❶ "表准"，当为"标准"。——编者注

天下惟不肯研究的人才会盲从，凡事只要经过一番研究，多少总有点自己意见发生，这点意见，就名之曰"判断"。

——同上，第二辑第一〇四页，《教育与政治》

越研究得多，判断力自然越丰富；越研究得精，判断力自然越深刻。

——同上，第二辑第一〇四页

许久不做学问的人，把学问的胃口弄弱了，便许多智识界的美味在前也吃不进去，人生幸福，算是剥夺了一大半。

——同上，第二辑第一一二页，《教育家的自家田地》

每日除本业正当劳作之外，最少总要腾出一点钟，研究你所嗜好的学问。

——同上，第二辑第一二五页，《学问之趣味》

要钻在这件事物里头去研究，要绕着这件事物周围去研究，要跳在这件事物高头去研究，种种分析研究结果，总把这件事物的属性大略研究出来，算是从许多相类似容易混淆的个体中，发现每个个体的特征。

——同上，第二辑第一四四页，《科学精神与东西文化》

科学家以许多有证据的事实为基础，逐层逐层看出他们的因果关系，发明种种含有必然性或含有极强盖然性的原则。

——同上，第二辑第一四九页

中国凡百学问，都带一种"可以意会不可以言传"的神秘性，最足为智识扩大之障碍。

——同上，第二辑第一五〇页

为学问而学问，为劳动而劳动，并不是拿学问、劳动，等等做手段来达某种目的。

——同上，第三辑第一七八页，《为学与做人》

知识之为物，实在是无量的广漠，谁也不能说他能给谁以绝对不易的知识；顶多，亦只承认他有相对的价值。

——同上，第三辑第二一〇页，
《东南大学课毕告别辞》

凡作一书，必先问吾书将以供何等人之读，然后其书乃如有隄之畔，不致泛滥失归，且能针对读者以发生相当之效果。

——《中国历史研究法》，第一章第四页，
《史之意义及其范围》

过去影事之保存，不恃记录而恃记诵，而最便于记诵者，则韵文也。

——《中国历史研究法》，第二章第十五页，
《过去之中国史学界》

良史固所以促国民之自觉，然真自觉者决不自欺，欲以自觉觉人者，尤不宜相蒙。

——同上，第三章第五十八页，《史之改造》

各种史迹，每一度从某新时代之人之脑中虑过，则不知不觉间辄微变其质。

——同上，第五章第一三〇页，《史料之搜集与鉴别》

怀疑之结果，而新理解出焉。

——同上，第五章第一三四页

善治学者，不应问题之大小，而起差别观念。问题有大小，研究之问题之精神无大小。

——同上，第五章第一四五页

天下古今，从无同铸一型的史迹。读史者于同中观异、异中观同，则往往得新理解焉。

——同上，第六章第一九六页，《史迹之论次》

历史为人类心力所造成，而人类心力之动，乃极自由而不可方物。

——同上，第六章第一九九页

历史纯为个性发挥之制造品，而个性直可谓之无一从同。

——同上，第六章第二○一页

史迹之为物，必与"当时""此地"之两观念相结合，然后有评价之可言。

——同上，第六章第二○三页

历史上进步的事象，什九皆含有革命性；而革命前、革命中、革命后之史迹，最难律以常轨，结果与预定的计划相反者，往往而有；然不能因其相反，遂指为计划之失败。

——《中国历史研究法》，
第六章第二一○页，《史迹之论次》

凡史迹皆人类心理所构成，非深入心理之奥以洞察其动态，则真相末由见也。

——同上，第六章第二一五页

所贵乎学者，淑身与济物而已。淑身之道，在严其格以自绳；济物之道，在随所遇以为施。

——《盾鼻集论文类附录》，第五十六页，《哀启》

凡文化发展之国，其国民于一时期中，因环境之变迁，与夫心理之感召，不期而思想之进路，同趋于一方向。

——《清代学术概论》，第一页

凡"思"非皆能成"潮"，能成"潮"者，则其"思"必有相当之价值；而又适合于其时代之要求者也。

——《清代学术概论》，第一页

凡时代非皆有"思潮"，有思潮之时代，必文化昂进之时代也。

——同上，第一页

凡时代思潮，无不由"继续的群众运动"而成。

——同上，第二页

凡一新学派初立，对于旧学派，非持绝对严正的攻击态度，不足以榷故锋而张新军。

——同上，第十八页

凡事物之含有宗教性者，例不许作为学问上研究之问题；一作为问题，其神圣之地位固已摇动矣。

——同上，第二十六页

学问之道，固未有成之于一人一时者；在后人能否善袭遗产以光大之而已。

——同上，第四十四页

凡欲一种学术之发明，其第一要件，在先有精良之研究法。

——同上，第四十九页

凡一学术之兴，一面须有相当之历史，一面又乘特殊之机运；我国数千年学术，皆集中社会方面，于自然界方面素不措意，此无庸讳也，而当时又无特别动机，使学者精力转一方向。

——同上，第五十页

学问之难也粗涉其涂，未有不为人蔽者；及其稍深入力求自脱于人蔽，而已旋自蔽矣；非廓然卓然，鉴空衡平，不失于彼，必失于此。

——同上，第五十八页

凡真学者之态度，皆当为学问而治学问；夫用之云者，以所用为目的，学问则为达此目的之一手段也；为学问而治学问者，学问即目的，故更无有用无用之可言。

——同上，第八十页

同时一学问，在某时、某地、某人治之为极无用者，易时、易地、易人治之，可变为极有用，是故难言也。

——同上，第八十页

四
、
学
术

就纯粹的学者之见地论之，只当问成为学不成为学，不必问有用与无用，非如此则学问不能独立，不能发达。

——同上，第八十页

古书传习愈希者，其传钞踵刻，伪谬愈甚，驯至不可读，而其书以废。

——同上，第九十六页

清儒最戒轻率著书，非得有极满意之资料，不肯澽为定本；故往往有终其身在预备资料中者。

——同上，第一〇一页

欲一国文化进展，必也社会对于学者有相当之敬礼，学者恃其学足以自养，无忧饥寒，然后能有余裕以从事于更深的研究，而学乃日新也。

——同上，第一〇七页

学者若生息于漆室之中，不知室外更何所有；忽穴一牖外窥，则粲然者皆昔所未睹也；还顾室中，则皆沉黑积秽；于是对外求索之欲日炽，对内厌弃之情日烈。

——同上，第一一八页

须将世界学说为无限制的尽量输入，斯固然矣；然必所输入者确为该思想之本来面目，又必具其条理本末，始能供国人切实研究之资；此其事非多数人专门分担不能。

——同上，第一四八页

凡学问之为物，实应离"致用"之意味而独立生存；真所谓"正其谊不谋其利？明其道不计其功"；质言之，则有"书呆子"，然后有学问也。

——同上，第一六四页

治古学者无须变其文与语，既不变其文与语，故学问之实质虽变化，而传述此学问之文体、语体无变化；此清代文无特色之主要原因也。

——同上，第一七二页

文化之所以进展，恒由后人承袭前人智识之遗产，继长增高。

——同上，第一七三页

凡一学术之发达，必须为公开的且趣味的研究，又必须其研究资料，比较的丰富。

——同上，第一七四页

我国人所谓"德成而上，艺成而下"之旧观念，因袭已久，本不易骤然解放；其对于自然界物象之研究，素乏趣味，不能为讳也。

——同上，第一七四页

凡发明之业，往往出于偶然；发明者或并不能言其所以然，或言之而非其真；及以其发明之结果公之于世，多数人用各种方法向各种方面研究之，然后偶然之事实，变为必然之法则。

——同上，第一七四页

语一时代学术之兴替，实不问其研究之种类，而惟当问其研究之精神。研究精神不谬，则施诸此种类而可成就，施诸他种类而亦可以成就也。

——同上，第一七五页

我辈虽当一面尽量吸收外来之新文化，一面仍万不可妄自菲薄，蔑弃其遗产。

——同上，第一七六页

所谓"学者的人格"者，为学问而学问，断不以学问供学问以外之手段；故其性耿介，其志壹专。虽若不周于世用，然与一时代文化之进展，必赖有此等人。

——同上，第一七六页

学问之价值，在善疑，在求真，在创获；所谓研究精神者，归着于此点。

——同上，第一七六页

不问其所疑、所求、所创者在何部分，亦不问其所得之巨细；要之经一番研究，即有一番贡献。

——同上，第一七六页

将现在学风与前辈学风相比较，令吾曹可以发现自己种种缺点。知现代学问上笼统、影响、凌乱、肤浅，等等恶现象，实我辈所造成。此等现象，非彻底改造，则学问永无独立之望，且生心害政，其流且及于学问社会以外。

——同上，第一七七页

吾辈欲为将来之学术界造福耶？抑造罪耶？不可不取鉴前代得失以自策励。

——同上，第一七七页

吾对于我国学术界之前途，实抱非常乐观。盖吾稽诸历史，征诸时势，按诸我国民性，而信其于最近之将来，必能演出数种潮流，各为充量之发展。

——同上，第一七七页

自经清代考证学派二百余年之训练，成为一种遗传，我国学子之头脑，渐趋于冷静缜密。此种性质，实为科学成立之根本要素。

——同上，第一七八页

今后欧美科学，日日输入；我国民用其遗传上极纯粹之科学的头脑，凭借此等丰富之资料，瘁精研究，将来必可成为全世界第一等之"科学国民"。

——同上，第一七八页

佛教哲学，本为我先民最珍贵之一遗产，特因发达太过，末流滋弊，故清代学者，对于彼而生剧烈之反动。

——同上，第一七八页

学问可嗜者至多，吾辈当有所割弃，然后有所专精。

——同上，第一八一页

善言政者，必曰："分地自治，分业自治。"学问亦然，当分业发展，分地发展。

——同上，第一八二页

学问非一派可尽，凡属学问，其性质皆为有益无害。万不可求思想统一，如二千年来所谓"表章某某，罢黜某某"者。

——同上，第一八二页

学问不厌辨难，然一面申自己所学，一面仍尊人所学。庶不至入主出奴，蹈前代学风之弊。

——同上，第一八二页

学问之道，进化靡有止诣。欲以一人一时之精力、智慧完成一种学问，万无是处。然则无论若何矜慎刻苦，其所得者亦必仅一部分而止；而疏漏误谬，仍终不得免。

——《墨子学案自叙》，第二页

人人各自贡其所得之一部分，以唤起社会研究之兴味；其

梁任公语粹

疏漏误谬，则自必有人焉补苴而匡正之；斯学术之所以见其进未见其止也。

——同上，第二页

墨子学说最大的缺点，莫如"非乐"。他总觉得娱乐是废时失事，却不晓得娱乐和休息，可以增加"物作的能率"。

——同上，第四十四页

墨子学说，件件都是和时代潮流反抗；宗教思想亦其一也。

——同上，第四十五页

亲知是归纳的论理学，说知是演绎的论理学，这两种都是纯靠自力得来的智识。闻知是其他听受记诵之学，是借助他力得来的智识。

——同上，第八十五页

我们的知识，用甚么方法得来呢？《墨经》说：有三种方法。第一是"闻知"，从传授得来。第二是"说知"，从推论得来。第三是"亲知"，从经验得来。

——同上，第八十五页

秦汉以后儒者所学，大率偏于闻知、说知两方面。偏于闻知，不免盲从古人！摧残造力。偏于说知，易陷于"思而不学则殆"之弊，成为无价值之空想。

——同上，第八十七页

所谓科学精神不外发明事物公共法则拿来应用；怎样的发明，怎样的应用，却是靠论理学。演绎的论理学，是把同法的推到同类；归纳的论理学，是从同类中求出同法。

——同上，第一一三页

演绎法是将已经发明的定理拿来推演。归纳法是要发明新定理，而且检点旧定理的真假。

——同上，第一二六页

泰西各种学问，皆各有其甚深之根柢，分科研究，剖之极细而入之极深。其适用此学问以施政治事，又积无量数之经验，发明种种原理、原则而恪守之，丝丝入扣。

——同上，第二十五页

我国研究学问之法，本与泰西不同，我国学者，凭瞑想❶，敢武断，好作囫囵之词，持无统系之说；否则注释前藉❷，咬文嚼字，不敢自出主张。泰西学者，重试验，尊辩难，界说谨严，条理绵密；虽对于前哲伟论，恒以批评的态度出之，当思正其误而补其阙。故我之学皆虚，而彼之学皆实；我之学历千百年不进，彼之学日新月异无已时。

——同上，第二十六页

凡辩论先要把辩论对象的内容确定：先公认甲是什么、乙是什么，才能说到甲和乙的关系何如。否则一定闹到"驴头不对马嘴"，当局的辩论没有结果，旁观的越发迷惑。

——《饮冰室文集》，

第六十八卷第一页，《人生观与科学》

根据经验的事实，分析、综合求出一个近真的公例，以推论同类事物，这种学问叫做"科学"。应用科学改变出来的物质，或建设出来的机关，等等，只能谓之"科学的结果"，不与"科学"本身并为一谈。

——同上，第二页，《人生观与科学》

科学所推寻之公例乃是：（一）在某种条件之下，会发生

---

❶ "瞑想"，当为"冥想"。——编者注
❷ "藉"，当为"籍"。——编者注

梁任公语粹

某种现象。（二）欲变更某种现象，当用某种条件笼统普遍的断案，无论其不能，即能，亦断非科学之所许。

——同上，第二页，《人生观与科学》

一种学问出来，能影响于一切学问，而且改变全社会一般人心，我想自有学问以来，能够比得上生物学的再没有第二种。

——同上，第七页，《生物学在学术界之位置》

生物学不过自然科学中之一种，但他所衔的职务，不仅在他本身，还不仅在自然科学。他直接产生一位极体面、极强壮的儿子，名叫"社会学"。他把生物界生存的共通法则——如遗传，如适应，如蜕变，如竞争，如淘汰，如互助，如进化，等等，都类推到人类生活上去；如何如何的发展个性，如何如何的保存团体，件件都发见出"逼近必然性"的法质；于是人类社会怎样的组织、怎样的变化，历历然有线路可寻。

——同上，第八页

读书自然不限于读中国书。但中国人对于中国书，最少也该和外国书作平等待遇。你这样待遇他，他给回你的愉快报酬，最少也和读外国书所得的有同等分量。

——同上，第七十卷第三十五页，《国学入门书目及其读法》

一种学问，被别人做完了，四平八正的编成教科书样子给我读，读去自然是毫不劳力的。但从这不费力上头，结果便令我的心思不细致不刻入。专门喜欢读这类书的人，久而久之，会把自己创作的才能埋没哩！

——同上，第三十五页

中国学问界，是千年未开的矿穴，矿苗异常丰富；但非我们亲自绞脑筋绞汗水，却开不出来。翻过来看，只要你绞一分脑筋、一分汗水，当然还你一分成绩，所以有趣。

——同上，第三十五页

书籍为保存过去原料之一种宝库，且可以为现在实测各方面之引线。就这一点看来，我们对于书籍之浩瀚，应该欢喜感谢他，不应该厌恶他。因为我们的事业，比方要开工厂，原料的供给，自然是越丰富越好。

——同上，第三十五页

发明的最初动机在注意。钞书便是促醒注意及继续保存注意的最好方法。

——同上，第三十六页

先辈每教人不可轻言著述。因为未成熟的见解公布出来，会自误误人，这原是不错的。但青年学生"斐然有述作之志"，也是实际上鞭策学问的一种妙用。

——同上，第三十六页

每日所读之书，最好分两类：一类是精读的，一类是涉览的。因为我们一面要养成读书心细的习惯，一面要养成读书眼快的习惯。心不细则毫无所得，等于白读；眼不快则时候不够用，不能博搜资料。

——同上，第三十七页

欲治文学史，宜先刺取各时代代表之作者，察其时代背景与夫身世所经历，了解其特性及其思源之渊源及感受。

——同上，第七十一页，《〈陶渊明〉序》

哲学是从智的方面研究宇宙最高原理及人类精神作用，求出个至善的道德标准。

——同上，第七十二卷第八页，《欧游心影录节录》

十九世纪的文学，大约前半期可称为浪漫忒派（即感相

梁任公语粹

派）全盛时代，后半期可称为自然派（即写实派）全盛时代。浪漫式派承古典派极敝之后，崛然而起。斥摹仿，贵创造；破形式，纵感情；恰与当时唯心派的哲学和政治上、生计上的自由主义同一趋向。万事皆尚新奇，总要凭主观的想象力描出些新境界、新人物。要令读者跳出现实界的圈子外，生一种精神交替的作用。当时思想初解放，人人觉得个性发展可以绝无限制。梦想一种别开生面完全美术的生活。

——同上，第七十二卷第十一页

我们从前自己夸嘴，说道靠科学来征服自然界，如今科学越发昌明，那自然界的威力却越发暴横，我们快要被他征服了。所以受自然派文学影响的人，总是满腔子的怀疑，满腔子的失望。

——同上，第七十二卷第十二页

一种学说到眼前，总要虚心研究，放胆批评。但这话说来容易，做到实难。因为我们学问根抵，本来甚浅，稍有价值的学说到了面全，都会发生魔力，不知不觉就被他束缚起来。

——同上，第二十二页

研究只管研究，盲从却不可盲从，须如老吏断狱一般，无论中外古今何种学说，总拿他做供词证词，助我的判断，不能把判断权径让给他，这便是彻底解放的第一义。

——同上，第二十二页

所谓学术者，并不是专记诵那死的学理，还要兼研究那活的实际问题；我们无论对于那门学术，总应该采这种态度。

——同上，第七十六卷第十六页，

《无枪阶级对有枪阶级》

我国文化，夙以保守的单调的闻于天下，非民性实然，环境限之也。

——同上，第五十九卷第十一页

一民族对于外来文化而无容纳之可能性，则其族非久遂成为"僵石化"，而决不足以顺应生存于天地。

——同上，第十一页

翻译文体之问题，则直译、意译之得失，实为焦点。其在启蒙时代，语义两未娴洽，依文转写而已。若此者，吾名之为未熟的直译。稍进，则顺俗晓畅，以期弘通；而于原文是否吻合，不甚厝意。若此者，吾名之为未熟的意译。然初期译本尚希，饥不择食；凡有出品，咸受欢迎。文体得失，未成为学界问题也。及兹业浸盛，新本日出，玉石混淆。于是求真之念骤炽，而尊尚直译之译起。然而矫枉太过，诘鞠为病；复生反动，则意译论转昌；卒乃两者调和，而中外醇化之新文体出焉。

——《翻译文学与佛典》

我们要做事业、要做学问，最要紧是把自己神智弄得清明，正和做生意的人要有本钱一般。

——《老子哲学》

什么叫做本体论？人类思想到稍为进步的时代，总想求索宇宙万物从何而来？以何为体？这是东西古今学术界久悬未决的问题。据我想来，怕是到底不能解决，但虽然不能解决，学者还是喜欢研究他。研究的结果，虽或对于解决本问题枉用工夫，然而引起别方面问题的研究，于学术进步，就极有关系了。

——《老子哲学》

学问之道，愈研究则愈自感其不足。必欲为踌躇满志之著作乃以问世，必终其身不能成一书而已。有所见辄贡诸社会，自能引起讨论。不问所见当否，而于世于己皆有益。

——《复胡适之书论〈墨经〉》

学问之业，非一人一时代所能就，在善继而已矣。

——《〈墨经〉校译序》

中国的学者，向来什有九都和政治有关系。这种关系每与妨碍思想之独立，最少也分减了研究的岁月和精神。

——《明清之交中国思想界及其代表人物》

清初因为满洲人初进来，统治者非我族类。第一流学者对于他们，或采积极的反抗态度，或采消极的"不合作"态度。这些学者，都对于当时的政治不肯插手，全部精力都注在改良学风作将来预备。所以有许多新颖思想自由发挥；而且因积久研究的结果，有许多新发明。

——《明清之交中国思想界及其代表人物》

一个字表示一个概念；字的解释弄不清楚，概念自然是错误混杂或囫囵，概念错误混杂囫囵，所衍出来的思想当然也同一毛病。所以"辩名当物"是整理思想第一步工夫。

——《戴东原哲学》

人类的概念是一天比一天复杂的；语言文字无论长得怎样快，变得怎样灵活，总不能以同速率的进步来应新增概念的要求；所以不能借旧字旧话来表新增的概念。

——《戴东原哲学》

凡学说有含时代性的，有不含时代性的。含时代性的学说，要估量他的时代价值；不含时代性的学说的价值，是不必且不该用时代去估量的。

——《戴东原哲学》

我们虽不敢说今人必不及古人，也不敢说古人必不及今人。不含时代性的学说，尽可以几千年前的人发明了，几千年后的人无以易之。

——《戴东原哲学》

中国文化，本最富于世界性；今后若能吸收世界的文化以自蘩卫，必将益扩其本能而增丰其内容，还以贡献于世界，则二十世纪之中国国民，必在人类进化史上占重要之职役。

——《中华国民事业之成败及今后革进之机运》

夫史家之职，不徒在叙述事实之真相而矣；其最要者，则在深察事实联络之关系，推究其因果之起卒，以资今鉴而垂来训。

——《欧洲大战史论》

夫操术巧拙，限于天才，积于阅历，诚非可强而致也；至于学则夫人皆得勉焉，而学文为术之原；无学之术，其不能竞胜于今之世，抑又明矣。

——《国际立法条约集序》

大抵文学之事，必经国家百数十年之平和发育，然后所积受者厚，而大家乃能出乎其间；而所谓大家者，必其天才之绝特，其性情之笃挚，其学力之深博，斯无论已。又必其身世所遭值有以异于群族，甚且为人生所莫能堪之境；其振奇磊落之气，百无所寄泄，而壹以迸集于此一途。其身所经历，心所接构，复有无量之异象以为之资。

——《秋蟪吟馆诗钞序》

凡讲学大师，必以学问为唯一之生涯，以教育为唯一之目的。其行谊必严正使人矜式，其立言将以俟百世而不汲汲于一时。

——《莅同学欢迎会演说辞》

梁任公语粹

所谓学者，推究一切现象之原理原则，以说明一切之现象；于推究原理原则说明现象之外，别不另设方途以求致用。而所谓术者，则应用学理之方法技能而已，与推究原理原则以说明现象之学，实判然不能相同者也。故科学之分类，以现象为标准：有自然之现象，即有自然之科学；有人类之现象，即有人类之科学；有社会之现象，即有社会之科学。因自然有种种之现象，亦即有自然之种种科学；因人类有种种之现象，亦即有人类之种种科学；因社会有种种之现象，亦即有社会之种种科学。若夫技术，则以人类社会实用之目的，为其分类之标准；或合人类之需要，或应社会之要求，或按国家之机关，而有种种之技术。此实为学术根本相异之处，而大学校与专门学校之区别，亦于是而分焉。

——《莅北京大学校欢迎会演说辞》

天下惟有学问有修养之士，乃能真有发扬蹈厉之精神；无学问无修养者，仅能谓之狂躁，谓之轻率，以之办事，无一事可成也。

——《莅北京大学校欢迎会演说辞》

学问之业，非有冷静之头脑，不能得益；学生若以浮躁之心受学，则不仅不能不深入学问之道，我恐即有善教之教师，亦不能有丝毫之得益。

——《莅北京大学校欢迎会演说辞》

俗识者，恃直觉与经验之两种作用而得之者也；学识者，恃概括、分析与推定之三种作用而得之者也。

——《良知与学识之调和》

学问之天职，在分析事物，而知其组织之成分，然后求得各种事物共通之点，概括综合之，以寻出其原则。复将此原则

185

推之凡百事物，所谓格物致知，所问一以贯之者，于是外在矣。

——《良知与学识之调和》

《诗》曰："天生蒸民，有物有则"，则者何？因果之谓也。观乙果可以知甲因，睹乙因可以推丙果。苟持此法以研究天下事物，则能得其公例之所在，有通其一万事毕之。乐不特此也，既知其果之所必至又知其果之所从来，则常能造善因以补助之，使其结果日趋于至善。学术之有助于进化，其功在是。

——《地理与文明之关系》

道学与科学，界线最当分明：道学者，受用之学也，自得而无待于外者也，通古今中外而无二者也。科学者，应用之学也，借辨论积累而始成者也，随社会文明程度而进化者也。故科学尚新，道学则千百年以上之陈言，当世哲人无以过之。科学尚博，道学则一言半句，可以毕生受用不尽。

——《节本〈明儒学案〉例言》

老子曰："为学日益，为道日损"，学谓科学也，道谓道学也。抑科学之大别复二：一曰物的科学，二曰心的科学。心的科学者，若哲学、伦理学、心理学等是也。今世东西诸国，其关于此类之书，亦汗牛充栋，要之皆属科学之范围。何以故？以其属于日益的方面，不属于日损的方面。故此类书籍非可不读也，然读之只有裨于智育，无裨于德育，亦不过与理化、算术、法律、经济诸科占同等之位置而已。

——《节本〈明儒学案〉例言》

夫学者之职，本在发明原理原则，以待人用耳！而用之与否，与夫某项原则宜适用于某时某事，此则存乎操术之人，必责治学者以兼之，甚无理也！然而操术者视学为不足轻重，则其不智亦甚矣！今世各科学中，每科莫不各有其至精至确之原则若干条；而此种原则，大率皆经若干人之试验，累若干次之失败，然后有心人乃参伍错综，以求其原因结果之关系，苦思力索而乃得之者也。故遵之者则必安荣，犯之者则必雕悴；盖有放诸四海而皆准，俟诸百世而不惑者。

——《学与术》

夫空谈学理者，犹饱读兵书而不临阵，死守医书而不临症，其不足恃固也！然坐是而谓兵书、医书之可废得乎？故吾甚望中年以上士大夫，现正立于社会上而担任各要职者，稍分其繁忙瞀刻，以从事与职务有关系之学问。吾岂欲劝人作博士哉？以为非是则体用不备，而不学无术之讥，惧终不能免耳！

——《学与术》

史也者，记述人间过去之事实者也。虽然自世界学术日进，故近世史家之本分，与前者史家有异：前者史家，不过记载事实；近世史家，必说明其事实之关系，与其原因、结果。前者史家，不过记述人间一二有权力者兴亡隆替之事，虽名为史，实不过一人一家之谱牒；近世史家，必探察人间全体之运动进步，即国民全部之经历，及其相互之关系。以此论之，虽谓中国前者未尝有史，殆非为过。

——《中国史叙论》

凡学问必有客观、主观二界：客观者，谓所研究之事物也；主观者，谓能研究此事物之心灵也。和合二观，然后学问出焉。史学之客体，则过去、现在之事实是也。其主体，则作史读史者心识中所识之哲理是也。有客观而无主观，则其史有魄而无魂，谓之非史焉可也。是故善为史者，必研究人群进化之现象，而求其公理公例之所在，于是乎有所谓历史哲学者出焉。历史与历史哲学虽殊科，要之，苟无哲学之理想者，必不能为良史，有断然也。

——《新史学》

学术思想之在一国，犹人之有精神也；而政事、法律、风俗及历史上种种之现象，则其形质也。故欲觇其国文野、强弱之程度如何，必于学术思想焉求之。

——《论中国学术思想变迁之大势》

生此国为此民，享此学术思想之恩泽，则歌之舞之，发挥之光大之，继长而增高之，吾辈之责也。而至今未闻有从事于此者，何也？凡天下事，必比较然后见其真；无比较则非惟不能知己之所短，并不能知己之所长，前代无论矣。今世所称好学深思之士有二种：一则徒为本国学术思想界所窘，未尝一涉其樊也；一则徒为外国学术思想所眩，而于本国者不屑一厝其意也。

——《论中国学术思想变迁之大势》

凡人群第一期之进化，必依河流而起，此万国之所同也。我中国有黄河、扬子江两大流，其位置、性质各殊，故各自有其本来之文明，为独立发达之观，虽屡相调和混合，而其差别自有不可掩者。凡百皆然，而学术思想其一端也。

——《论中国学术思想变迁之大势》

学派之为物，与国家不同：国家分争而遂亡，学术分争而益盛；其同出一师而各明一义者，正如医学之解剖，乃能尽其体而无遗也。

——《论中国学术思想变迁之大势》

泰西之政治，常随学术思想为转移；中国之学术思想，常随政治为转移：此不可谓非学界之一缺点也！是故政界各派并立，则学界亦各派并立，政界共主一统，则学界亦宗师一统。当战国之末，虽有标新领异，如锦如荼之学派，不数十年，摧灭以尽，巍然独存者，惟一儒术；而学术思想进步之迹，亦自兹凝滞矣！

——《论中国学术思想变迁之大势》

凡学术苟能发挥之、光大之、实行之者，则此学即为其人之所自有。如吾游学于他乡，而于所学者，既能贯通既能领受，亲切有味，食而俱化；而谓此学仍彼之学而非我之学焉，不得也。一人如是，一国亦然。如必以本国固有之学而始为学也，则如北欧诸国，未尝有固有之文明，惟取诸希腊、罗马，取诸犹太者，则彼之学术史，其终不可成立矣！

——《论中国学术思想变迁之大势》

生计家言，谓社会愈进于文明，则分业愈趋于细密；此不徒生计界为然也，学界亦然。挽近实学益昌，而学者亦益以专门为贵；分科之中，又分科焉。硕儒大师，往往终身专执一科以名其家；盖昔之学者，其所研究博而浅；今之学者，其所研究狭而深也。

——《论中国学术思想变迁之大势》

凡一学说之独立也，必排斥他人之谬误，而揭橥一己之心得；若是必以论理学为之城壁焉。其难他说也，以违反于论理原则者摘其伏，则所向无敌矣！其自树义也，以印合于论理原则者证其真则持之成理矣。

——《子墨子学说》

学者若将研究甲事，而下实验之功；乃此事未发，而见他现象相继而起，则当谛思此现象，以何因缘而生乎？或研究乙事，既已得之，而初时所预料之现象，后乃不起；则当谛思彼现象，以何因缘而灭乎？又或所测之现象，正当发起之顷，而他之诸现象随之而生，有时而增，有时而减；则当谛思此众现象以何因缘而增，以何因缘而减乎？如是屡验不已，参伍之，错综之，舍此取彼因甲知乙，则必见有一现象与他现象常相伴而不可离者！

——《近世文明初祖二·大家之学说》

夫两个以上之现象，当相依而不可离，是即所谓定理者也！故苟无甲之现象，则乙之现象亦无自而生。如空气动荡为声之原因，苟无动力则声音终不可得传。空中养气，为火之原因；苟无养气，则火光终不可得热，若是者谓之物之定理。人苟能知物之定理，岂复有为五官所蔽而陷于迷见者乎！

——《近世文明初祖二·大家之学说》

凡一现象之定理，既一旦求而得之，因推之以编按其同类之现象，必无差谬。其有差谬者，非定理也。何也？事物之理，经万古而无变者也。此等观察实验之功，非特可以研究外物之现象而已，即讲求吾人心灵之现象，亦不外是矣！

——《近世文明初祖二·大家之学说》

欲求得一现象之原因，不可不先悬一推测之说于胸中，而自审曰：此原因果如我之所推测，则必当有某种现象起焉。若其现象果屡起而不误，则我之所推测者是也；若其不相应，则更立他之推测以求之。朱子所谓因其已知之理而益穷之也。故实验与推测常相随，弃其一而取其一，无有是处。

——《近世文明初祖二·大家之学说》

当吾智识接于外物之时，吾精神中别有自由者存，则判断之一事是也。判断之事，固吾所得自肆，亦吾所得自制；苟不下判断，则无可以致谬之理。盖"迷谬"两字之训诂，惟指判断之不合理者云尔。

——《近世文明初祖二·大家之学说》

夫此自审自疑不遽下判断者，非智识之事而意识之事也。以是之故，我得保其自由，立于外物感触络绎之中，随其来而顺应之，此则吾侪人类之精神，虽云微弱，然其中犹有盛强之力存焉。人之所以异于万物，而能穷天下之理者，恃此耳！苟能善于用力以防外物之侵入牵引，则彼迷妄之魔想，何由迕误我乎？此实思想界之护身符也！

——《近世文明初祖二·大家之学说》

学者之大患莫甚于不自有其耳目，而以古人之耳目为耳目；不自有其心思，而以古人之心思为心思。审如是也，则吾之在世界，不成赘疣乎？审如是也，则天但生古人可矣，而复生此百千万亿无耳目无心思之人，以蠕缘蠹蚀此，世界将安取之？

——《近世文明初祖二·大学家》

凡百学问莫不发源于上古，而或则逐渐发达，或则停滞不前；彼停滞焉者，必有为之阻力者也。

——《生计学学说沿革小史》

凡天下万事万物，未有突然而生者，大抵其物愈贵则其发生也愈迟，而其发达也逾❶缓。学问者，万事之最繁赜而高尚者也。故学语一学问之沿革，不可不上下千古，诉端竟委；观前此萌达之迹，为将来进步之阶。

——《格致学沿革考略》

---

❶ "逾"，疑为"愈"。——编者注

五、社　会

因社会变迁剧急，人人都起一种惊异；便把研求真理的念头刺激起来，各各建设新人生观。

——《学术演讲》，第一辑第十六页，

《评胡适之〈中国哲学史大纲〉》

对于社会现状都怀抱一种不安不满感情；所以社会问题，成了各家研究的焦点。

——同上，第一辑第十六页

社会是要不断的创造，不断的整理。

——同上，第一辑第四十五页，

《我对于女子高等教育希望特别注意的几种学科》

社会习惯，多半是由历史上传统的权威积渐而成，不能认他本质一定是好的。

——同上，第二辑第四十七页，

《先秦政治思想》

习惯支配社会的力量实在大得可怕，若不能将习惯改良，一切良法美意都成虚设。

——同上，第二辑第四十八页

令人人知道团体生活中的秘密行动便是罪恶，犯这种罪的便不为社会所容。

——同上，第二辑第八十三页，《教育与政治》

全个社会的活动变化，要集积起来比较一番才能看见。

——同上，第三辑第九十一页，《历史统计学》

一社会一时代之共同心理共同习惯，不能确指其为何时何人所造，而匹夫匹妇日用饮食之活动皆与有力焉。

——《中国历史研究法》，第一章第四页，

《史之意义及其范围》

人类于横的方面为社会的生活，于纵的方面为时代的生活。苟离却社会与时代，而凭空以观某一个人或某一群人之思想动作则必多不可了解者。

——同上，第六章第一八九页，《史迹之论次》

无论何种政治何种思想，皆建设在当时此地之社会心理的基础之上。

——同上，第六章第二〇七页

社会组成分子较复杂，及传统的威权较脆弱者，则其突变的可能性较大。其社会内部物质的供给较艰啬，且与他社会接触之机缘较多者，则其境遇之变迁较剧且繁。

——同上，第六章第二〇九页

人类之生于宇宙间，自其公共之目的与公共之天职；即各人各自浚发其良知良能，以供献于社会，而使社会日以向上是已。

——《盾鼻集论文类》，第三十八页，

《表政府伪造民意密电书后》

五、社会

社会上种种病征，半由世界文明进化之轨不相顺应。

——《盾鼻集论文类》，第八十八页，《五年来之教训》

社会既屡更丧乱，厌世思想不期而自发生；对于此恶浊世界，生种种烦懑悲哀，欲求一安心立命之所，稍有根器者，则必遁逃而入于佛。

——同上，第一六六页

吾敢言我国之生计社会，实为将来新学说最好之试验场；而我国学者对于此问题，实有最大之发言权；且尤当自觉悟其对此问题应负最大之任务。

——同上，第一八〇页

我国人对于生计问题之见地，自先秦诸大哲，其理想皆近于今世所谓"社会主义"，二千年来生计社会之组织，亦蒙此种理想之赐，颇称均平健实。

——同上，第一七九页

社会日复杂，应治之学日多，学者断不能如清儒之专研古典；而固有之遗产又不可蔑弃，则将来必有一派学者焉，用的最新科学方法，将旧学分科整治，撷其粹，存其真。

——同上，第一八〇页

墨子生孔子之后，时势变迁，越发急转直下。墨子又是个极端的人，不像孔子那种中庸性格。他觉得旧社会整个要不得，非从根本推翻改造不可。

——《墨子学案》，第四页

贵富两族，相竞于奢侈；平民资产，被掠日甚。所以墨子特注意经济组织的改造，要建设一种劳力本位的互助社会。

——同上，第七页

把一切含着"私有"性质的团体都破除了，成为一个"共有共享"的团体，就是墨子的兼爱社会。

——同上，第二十一页

从经济新组织上建设兼爱的社会，这是墨学特色。

——同上，第二十八页

定命说若成立，人类便没有了自由意志，那么，连道德标准都没有了。人类便没有了自动力，那么，连甚么创造都没有了。那么，人类社会便是死的，不是活的；便是退化的，不是进化的。所以墨子非命，是把死社会救活转来的学说。

——同上，第五十五页

世界愈文明，一切事业之规模愈大，而协力分劳之原则，适用愈广；独力能举之事，行将绝迹于天壤。

——《国民浅训》，第二十二页

道德本为社会之产物。社会之境遇变迁，则道德之内容，亦当随而变迁。徒袭取数千年前先哲遗训之面目，必不足以范围一世之人心；只有率以虚伪而益其腐败耳。

——同上，第二十八页

我中国现在社会之人心，实依然为千百年来旧染所锢蔽。暮气沉沉，惰力满满，若淤血积于体中，为百病之窟宅；故虽日进甘旨，曾不足以资荣华，而徒增其痼疾。积弱大原，实在于此。非我国民痛自警醒，痛自改悔，慊然自知不足，而抑然以人为师；其安能挽此颓风一新国命者乎？

——同上，第二十七页

社会学所以能应运而生，可以说全部都建设在生物学基础之上。不惟直接产生社会学而已，凡有关于人事之诸学科，如法律学，如经济学，如政治学，如宗教学，如历史学，都受了他的刺戟，一齐把研究方向挪转。

——《饮冰室文集》，第六十八卷第八页，

《生物学在学术界之位置》

社会之组织未变，社会是所有的社会，要想打破所有的观念，大非易事；因为人生在所有的社会上，受种种的牵制，倘有人打破所有的观念，他立刻便缺乏生活的供给。

——同上，第二十七页，《"知不可而为"

主义与"为而不有"主义》

有益身心的圣哲格言，一部分久已在我们全社会上，形成共同意识。我既做这社会的一分子，总要彻底了解他，才不至和共同意识生隔阂。

——同上，第七十卷第三十七页，

《国学入门书目及其读法》

社会的偏枯缺憾，无时不有，无地不有，只要你忠实观察，自然会引起你无穷悲悯。

——同上，第五十三页

从来社会思潮，便是政治现象的背景。政治现象，又和人生活息息相关。所以思潮不健全，国政和人事一定要受其敝。

——同上，第七十二卷第七页，《欧游心影录节录》

社会组织变更，原是历史上常态，生活就跟着他慢慢蜕变，本来没有什么难处。但这百年来的变更却与前不同。因科学发达结果，产业组织，从根柢翻新起来，变既太骤，其力又太猛，其范围又太广，他们要把他的内部生活凑上来和外部生活相应，却处处措手不及。

——同上，第八页

凡一个人，若是有两种矛盾的思想在胸中交战，最是苦痛

梁任公语粹

不过的事，社会思想，何独不然。

——同上，第七十二卷第十二页

假如全社会都是罪恶，我的"人格"受了他的渐染和压迫，如何能健全？由此可知人格是个共通的，不是个孤另的。想自己的人格向上，唯一的方法，是要社会的人格向上。然而社会的人格，本是从各个"自己"化合而成。想社会的人格向上，唯一的方法，又要自己的人格向上。这就是意力和环境携提便成进化的道理。

——同上，第十四页

对于社会上有力量的学说，不管出自何人，或今或古，总许人凭自己见地所及，痛下批评。批评岂必尽当，然而必经过一番审择，才能有这批评，便是开了自己思想解放之路。因这批评，又引起别人的审择，便是开了社会思想解放的路。

——同上，第二十页

一群人为甚么能给合起来，靠的是一种共同生活的规条，大众都在这规条的范围内分工协力。若是始终没有规条，或是规条定了不算帐❶，或是存了一个利用的心，各人仍旧是希图自己的便利，这群体如何能成立？便不能共同生活。

——同上，第二十四页

从前过的是单调生活，不是共同生活，自然没有什么合理的公守规条。从前国家和家族，都是由命令、服从两种关系结构而成。命令的人，权力无上，不容有公认规则来束缚他；服从的人，只随时等着命令下来，就去照办，也用不着公认规则。因此之故，"法治"两字，在从前社会，可谓全无意义。人类的

---

❶　"算帐"，当为"算账"。——编者注

开化是向共同生活而趋，便叫我们觉得没有组织便不能存活。

——同上，第二十四页

社会主义，自然是现代最有价值的学说，国内提倡新思潮的人，渐渐的注意研究他，也是很好的现象。但我的意见，提倡这主义，精神和方法，不可并为一谈。精神是绝对要采用的。这种精神，不是外来，原是我所固有。孔子讲的"均无贫和无寡"，孟子讲的"恒产恒心"，就是这主义最精要的论据。

——同上，第二十六页

令工业组织一起手便是合理健全的发展，将来社会革命这个险关，何尝不可以免掉。

——同上，第二十七页

在物质的组织之下，全社会像个大机器，一个轮子出了毛病，全副机器停摆，那痛苦真说不尽。只怕从今以后崇拜物质文明的观念，总有些变动罢。

——同上，第七十三卷第一页

社会主义，是要将现在经济组织不公平之点，根本改造。改造方法，虽然种种不同，或主共产，或主集产，或主生产事业全部由能生产的人管理，或主参加一部分，或用极端急进手段，或用平和渐进手段。要之对于现在经济的组织，认为不合人道，要重新组织一番，这就是社会主义。

——同上，第七十四卷第三十八页

社会政策，是在现在的经济组织之下，将那不公平之处，力图救济。救济方法，或是从租税上求负担平均，或是保护劳工，不叫资本家虐待，虽然许多良法美意，却与根本改造问题无涉，这就是社会政策。

——同上，第三十八页

社会对于政治问题，绝无兴味，既不感觉政治与己身利害关系之切密，又不自信己身之力之能左右政治；既厌事，又畏事，在此种社会之下而欲为政治运动，无论如何，必不能从社会根抵有所发动，其日日活动者仍不过社会之游离分子。

——同上，第七十五页❶第三十一页，《时事杂论》

无良社会则无良政治，此原则固为吾曹所笃信。然欲改良此社会，当何途之从？必使静止的社会，变为动进的社会，然后他事乃有可言。若欲使社会由静而动，由止而进，则非常有所刺激冲动不可。

——同上，第三十一页

吾以为中国今日之社会主义运动，有与欧美最不相同之一点焉：欧美目前最迫切之问题，在如何而能使多数之劳动者地位得以改善；中国目前最迫切之问题，在如何而能使多数之人民得以变为劳动者。

——同上，第三十二页

在今日之中国而言社会主义运动，有一公例当严守焉，曰：在奖励生产的范围内为分配平均之运动。若专注分配而忘却生产，则其运动可谓毫无意义。

——同上，第三十三页

今日中国之社会运动，当以使多数人取得劳动者地位为第一义。地位取得，然后改善乃有可言。

——同上，第三十三页

外国资本家之对于其本国劳动者也，虽掠夺其劳力结果之一部分，然犹出其余沥以为河润，瘵焉而未至于死也。我国人则被其掠夺并余沥而不可得，乃搤吾吭而绝吾粒。外国之劳动

五、社会

---

❶ "页"，疑为"卷"。——编者注

者，欲恢复其被掠夺之部分，则直接向本国资本家算账而已。其在我国，则本国人尚不配作掠夺者，而须间接向外国资本家算账，倘然终不能有向外国资本家算账之能力，则虽本国资产阶级永远不发生，而吾民之瘵而死者且日相望也。

——同上，第三十三页

在奖励生产的范围内，为分配平均之运动。若专注分配而忘却生产，则其运动可谓毫无意义。❶

——同上，第三十四页

试将社会主义家所提出数种主要救济方法一校检之。其第一法则，则将原有生产机关，由直接在该机关内服劳役之人共同管理也。此法是否为最良之法，姑勿深论。然欲行此法，必先以国内有许多现成之生产机关为前提。

——同上，第三十四页

以社会主义运动之立场而论，欲此主义之传播与实现，不能不以劳动阶级为运动之主体；劳动阶级不存在之国家，欲社会主义实现，其道无由。而劳动阶级之发生，恒必与资本阶级相缘。故必有资本阶级，然后有劳动阶级，有劳动阶级，然后社会主义运动有所凭借。

——同上，第三十六页

劳动阶级者，非游民阶级之谓。劳动阶级者，以多数有职业之人形成之。此项有职业之人，结合团体，拥护其因操业所得之正当利益，毋使人掠夺，此在道德上为至当，在事势上为至甚。若夫无业游民，则与此异。彼本来并非所谓因操业所得之正当利益，则更何拥护之可言？故劳动阶级可以责人掠夺其剩余，可以向人索还其所掠夺。游民阶级则不能有此权利。游

❶ 此条与前文有文义重复，而出处不同。——编者注

民而分有有业者之利益，其事还同于掠夺。今穿短衣服跑腿的人，虽盈天下，然其中实分为劳动者与游民者两大类，此不容并为一谈。其属于劳动者之一类，则可以为社会运动之主体者也，其属于游民之一类，则决不可以为社会运动之主体者也。

——同上，第三十七页

劳动阶级之运动可以改造社会，游民阶级之运动只有毁灭社会。

——同上，第三十七页

"劳动阶级"一语，本含广狭二义。广义的解释，自然凡农民及散工悉含在内。狭义的解释，则专指在新式企业组织之下佣工为活的人。而社会运动之主体，必恃此狭义的劳动阶级。

——同上，第三十七页

劳动阶级发生，资本阶级亦必同时发生，二者殆如狼狈之相依而不可离。吾侪既希望吾国有真正之劳动阶级，而劳动阶级与资本阶级为孪生兄弟。若是乎，资本阶级所随带之罪恶，自必相缘而至。吾侪在今日，不可不先有彻底的觉悟，然后根据此觉悟以讲救治之计划。质言之，则对于资本家当持何种态度，实今日言社会主义者最切要之问题。

——同上，第三十八页

今日社会主义运动家，或以热心太盛之故，深嫉乎有产阶级、智识阶级之腐败不足与语也；又见乎劳动阶级之人少而力微，且性质亦带保守，不易鼓动也，于是"为目的不择手段"转而思利用游民。夫天下之最便于利用者，诚莫游民若也。而利用所生之结果，必至全反其所期。

——同上，第四十页

凡一个社会当过渡时代，鱼龙混杂的状态，在所不免？在这个当口，自然会有少数人走错了路，成了时代的牺牲品，但算起总账来，革新的文化，在社会上总是有益无害。因为这种走错路的人，对于新文化本来没有什么领会，就是不提倡新文化，他也会堕落。那些对于新文化确能领会的人，自然有法子鞭策自己规律自己，断断不至于堕落。

——《辛亥革命之意义与十年双十节之乐观》

社会上因为政客成了个坏名词，便相戒不谈政治；学生因为知道想做官是可耻，便迟疑不肯学法政。这不能不说是近两三年来一种社会病态。

——《无枪阶级与有枪阶级》

社会是个有机体；凡有机体的生活，都是以构成他本身之分子的运动为养命之源。倘若"构成分子"运动停息，那有机体便活不成了。

——《外交欤内政欤》

天下几多不平等不自由的事，受者不知感几大的痛苦，而施者以为当然，在家庭里、社会里、国家里充满了愁痛、郁抑、愤恨、乖离，不是酿起大乱，便是把全个社会憔悴销沉下去完结！

——《戴东原哲学》

社会文化是整套的，要拿旧心理运用新制度，决计不可能，渐渐要求全人格的觉悟。

——《五十年中国进化概论》

社会秩序稍恢复之后，个性本能自日益发挥，而机体之本能随之。

——《大中华发刊辞》

呜呼！我国民乎！当知吾侪所栖托之社会，孕乎其间者，不知几许大事业；横乎其前者，不知几许大希望。及中国一息未亡之顷，其容我迴旋之地，不知凡几。吾侪但毋偷、毋倦、毋躁、毋骛，随处皆可以安身立命，而国家已利赖之。

——《大中华发刊辞》

中国社会，最易消磨人物，而斫丧其英气，自昔有然，今则尤甚，鄙人归国旬余，感此污浊之空气，已在在觉其可危；苟非有自克之毅力，常抵抗社会之恶潮流，则入而与之俱化。

——《莅同学欢迎会演说辞》

大抵一社会之进化，必与他社会相接触，吸受其文明而与己之固有文明相调和，于是新文明乃出焉。欧洲各国所以常进化无已，而我国所以数千年凝滞不进者，则与他社会接触之多寡难易使然也。

——《莅广东同乡茶话会演说辞》

制度者，社会之产物也。制度之为用，虽时或可以匡正社会状态之一部分，然万不能离社会以创制度，更不能责制度以造社会。

——《述归国后一年来所感想》

十年来之中国，日日以离社会创制度为事：其极也，乃取凡与我社会绝不相容之制度，无大无小，悉移植之；植而萎焉，则咎制度之不善，而更谋改植。故凡百制度，日日皆在试验中。

——《述归国后一年来所感想》

夫托生命于政府之社会事业，在法固不能谓之为社会事业。以非社会事业，而冒社会事业之名，则非惟今兹之伪社会事业必不能久也；而将来之真社会事业，且缘而窒其发育，何也？人民将误解社会事业之真相，而凡从事于此类事业者，或且以结托政府为必要之条件。则其结果，必至与今之所谓社会事业者，同一末运，谬种相袭，而终于澌灭也。其能观社会事业真相之人，又且将引嫌而不肯自效也。不宁惟是，以政府而宰制社会事业之生命，非直不利于社会事业也，而又不利于政府。盖二者相结，一方面既导社会事业于腐败，而一方面又导政府于黑暗也。

——《述归国后一年来所感想》

夫今日之社会事业，曷为而必求基础于政府，则以社会无基础故。夫社会无基础，则岂复成社会；然则非无也，薄弱而已矣。以薄弱之社会基础，谓宜先发生规模紧小之社会事业，或可以乘载之而无倾踬，待其体已具而徐图恢廓也。

——《述归国后一年来所感想》

凡社会之现象，无一非思潮之产物也。政治与制度，则社会现象之一种而已。故觇国者必于其思潮焉觇之。

——《述归国后一年来所感想》

一社会与他社会相接构，缘夫制度文物之错综嬗受，而思想根本不免随而摇动。其人民彷徨歧路，莫知所适，其游离分子之浮动于表面者，恒极一时之险象。以吾所睹闻，东西各国，其不历此关厄而能自跻于高明者盖寡。若其结果之美恶，则视其根器所凭借之深浅厚薄以为断。

——《中国道德之大原》

凡一社会，必有其所公认之道德信条，由先天的遗传，与后天的熏染，深入乎人人之脑海而与俱化；如是，然后分子与分子之间，联锁巩固。而社会之生命，得以永续。一旧信条失其效力，而别有一新信条与之代兴，则社会现象生一大变化

梁任公语粹

也。若新信条涵养未熟、广被未周而旧信条先已被弃，则社会泯棼之象立见。

——《中国道德之大原》

全社会之人，各如其量以尽其天性，天下之平乃莫过是也。

——《中国道德之大原》

凡一社会必赖多数人之共同协力，乃能生存发达。全社会中所必须之职务，无限无量，而一一皆待社会之个人分任之；人人各审其分立所在，而各自尽其分内之职，斯社会之发荣滋长无有已时。苟人人不安于其本分，而日相率以希冀于非分，势必至尽荒其天职，而以互相侵轶为事，则社会之组绝矣。夫人类贵有向上之心，苟其无焉，则社会将凝滞不进；安分之念太深，则向上之机自少，此固无容为讳者也。

——《中国道德之大原》

全社会皆习于侥幸，则人人失其安身立命之地，社会之基础，安得而不动摇。

——《中国道德之大原》

夫分也者，物之则也。吾国伦常之教，凡以定分，凡以正则也；而社会之组织，所以能强固致密搏之不散者，正赖此矣。

——《中国道德之大原》

夫人之生于世也，其受过去、现在社会之恩我者，无量无极；我受之而求所以增益之，以诒诸方来，天下最贵之天职，莫过是也。

——《中国道德之大原》

有报恩之义，故能使现在社会与过去社会相联属；有虑后之义，故能使现在社会与将来社会相联属；有明分之义，故能使现在社会至赜而不可乱，至动而不可恶也：三义而立，三世备矣。

——《中国道德之大原》

社会种种罪恶，强半皆政治现象所造成；政象不变，其导社会日趋于下者且不知所届。而从事社会事业之人，乃如捧土以塞孟津，虽劳何补？

——《政治之基础与言论家之指针》

社会事业，强半须政府积极扶助，启发，然后能成；即不尔，亦须消极的方任，乃有发荣滋长之余地。而在恶政府之下，时或不惟不助长之，而更摧残之；则所谓社会事业者，何由自存？

——《政治之基础与言论家之指针》

社会事业，殖其萌蘖已大不易易，而政治现象既予人以不安，一有变故，遂见破坏，人人有汲汲顾影之心，谁肯从事？

——《政治之基础与言论家之指针》

今世各国，殆无不以社会问题为苦。朝野上下，咸汲汲思所以救济解决之。救济解决之法，不外使无业之人有道以得业。其法不能行则无论耳；但使能行，则未有不为国家之利。盖予无业之人以业，则其人之劳力，不至废弃不用，而得出之以为国家从事生产也。中国此种奇特之社会问题，则正相反：不救济之，则个人暂蒙苦痛已耳。若思救济之，势必举全国可以有业之人，悉变为无业。而全国之聪明才力，乃真废弃不用矣。

——《作官与谋生》

夫社会之敝极于今日，而欲以手援天下，夫孰不知其难？

虽然，举全国聪明才智之士，悉辏集于政界，而社会方面，空无人焉；则江河日下，又何足怪？吾虽不敏，窃有志于是；若以言论之力，能有所贡献于万一，则吾所以报国家之恩我者，或于是乎在矣！

——《良知与学识之调和》

吾侪对于社会之天职，即尽吾戋戋之力，助促社会使止于至善而已！

——《菲斯的人生天职论述评》

凡社会一象之存，必有其历史；而历史又自有其胎育之原。

——《孔子教义实际裨益于今日国民者
何在欲昌明之其道何由》

社会凡百事物，今大与古异，东亦与西异；独至人之生理与其心理，则常有所同然者有。

——《孔子教义实际裨益于今日国民者
何在欲昌明之其道何由》

大抵极端之社会主义，微特今日之中国不可行，即欧美亦不可行，行之其流弊将不可胜言。若近来所谓国家社会主义者，其思想日趋于健全，中国可采用者甚多；且行之亦有较欧美更易者。盖国家社会主义，以极专制之组织，行极平等之精神，于中国历史上性质，颇有奇异之契合也。以土地尽归于国家，其说虽万不可行；若夫各种大事业，如铁路、矿务、各种制造之类，其大部分归于国有，若中国有人，则办此真较易于欧美。特惜今日言之，非其时耳！

——《新大陆游记节录》

吾中国社会之组织，以家族为单位，不以个人为单位；所谓家齐而后国治是也。周代宗法之制在今日其形式虽废,其精神犹存也。窃尝论之:西方阿利安人种之自治力,其发达固最早,即吾中国人之地方自治宜亦不弱于彼;顾彼何以能组成一国家,而我不能?则彼之所发达者,市制之自治,而我所发达者,族制之自治也。试游我国之乡落,其自治规模,确有不可掩者;即如吾乡不过区区二三千人耳,而其立法行政之机关,秩然不相混,他族亦称是。若此者,宜其为建国之第一基础也;乃一游都会之地,则其状态之凌乱,不可思议矣。凡此皆为族民而不能为市民之明证也。

——《新大陆游记节录》

夫形成社会之性质者,个人也;而铸造国人之性质者,又社会也。故人性恒缘夫社会周遭之种种普通现象、特别现象而随以转移。

——《中国之武士道序例》

为国民者,不能以今日国家之现象自安,明也。但使我国家既进步而得驰骋于世界竞争之林,则夫今日世界各国之大问题,自无一不相随以移植于我国又势所必至也。然则社会主义一问题,无论以世界人类分子之资格,或以中国国民分子之资格,而皆不容以对岸火灾视之,抑章章矣!

——《社会主义论序》

夫社会的观念与将来的观念,正人之所以异于禽兽者也。苟其无之,则与禽兽无择也。同为人类,而此两观念之或深、或浅、或广、或狭,则野蛮文明之级视此焉,优劣胜败之数视此焉。今且勿论一国,勿论一族,即以一家校之,使其家之先辈,漠然不为子孙将来之计,则家之索可立而待也。虽然,既已谓之人类,则此两种观念者,则已自无始以来之羯磨而熏之受之，虽有深浅广狭，而其本性中无此根器者，未或闻也。故虽有愚不肖之夫，要能知节制其现在快乐之一部分，以求衰老时之快乐，牺牲其本身利益之一部分，以求家族若后代之利益：此种习性，我国人之视他国，尤深厚焉；此即我将来可以竞胜于世界之原质也！

——《余之死生观》

凡社会之所恃以为生利者，不外三事：曰土地，曰势力，曰资本。企业者则结合三事而利用之。土地所得名曰租，劳力所得名曰庸，资本所得名曰息，企业所得名曰赢。然租庸率之高下，常与息率之高下成反比例。盖同一资本，投诸租昂之土地，而用厚庸之劳力以治之，则其所得息必啬；反是，则其所得息必丰，此理之至易睹者也。为企业家者，苟能利用廉息之资本，而得租庸两钱之地以为业场，则获赢之巨，将莫与京焉。

——《外债平议》

社会多数之个人中，有强者，有弱者，甚不平等，且其不平等也无泉线。自有强制的组识，而强者弱者皆为被制者，不过强者所占地位广，弱者所占地位狭耳。其广狭之悬绝，充其量至于如一分与九十九分之比例，可谓极矣。然以有强制的组织，故此一分之狭地位，仍得保障，故强制有益于弱者也。若夫强者之地位，前此不过为事实的行为，及得强制的组织，而始变为适法的行为；故强制有益于强者也，故曰调和也。

——《开明专制论》

腐败之社会，决不能有健全之政府；健全之社会，亦决不容有腐败之政府。今欲责政府以健全，吾诚无术矣；社会欲自求健全，则其权岂不在社会耶？欲使全社会遄进于健全，则吾诚无术矣；欲使吾自己为社会中一健全分子，则其权岂不在我耶？夫我自己固眇乎其小也，曾亦思中国国家，亦不过合四万万个之自己而成；人人皆发愿自己造善业不造恶业，而健全之社会出焉矣！

——《国家运命篇》

社会无时不竞也；而其交通不频繁，接构不切密，则其相竞之范围不广，而相竞之影响不剧。

——《子墨子学说》

凡一社会之发达，其始莫不赖宗教迷信之力，中国亦何独不然。中国初民时代迷信之状态，虽不可考，然散见于六经六纬及百家言者，尚多不可悉数。及孔老倡学，全趋于哲学及社会之实际，举国学者，靡然从风，其宗派虽殊，然其为迷信之敌则一也。

——《子墨子学说》

当社会之结合稍进，则对内对外之事件日赜，其间必借有智术者或有膂力者，内之以维持社会之秩序，外之以保障社会之安宁；于是全社会之人德之，而其功名成焉。寖假其人及其辅翼者，遂独占优势于社会。

——《中国法理学发达史论》

人之有语言，其所以秀于万物乎？所怀抱于中者，能曲折传达之，以通彼我之情，于是知识之交换起，而模仿性日以发达；此社会心理成立之第一要素，而人类进化之笕钥也。与语言相辅而广其用者曰文字，时地间阂，语言用穷，有文字则纵横万里之空间，上古百代之时间，皆若觌面相接，社会心理之所以恢廓而愈涨，继续而不断者，赖是也？

——《国文语原解》

梁任公语粹

凡一社会与他社会相接触，则必产出新现象，而文明遂进一步。上古之希腊殖民，近世之十字军东征，皆其成例也。然则统一非必为进步之障也，使统一之于内，而交通之于外，则其飞跃或有更速者也。

——《新民说》

六、教育

教育是教人生活的，生活是要靠职业的，受完了某种程度的教育，立刻可以得着相当的职业，而且得着之后，能够胜任愉快，这种教育才算有效用。

——《学术演讲集》，第一辑第四十四页，
《我对于女子高等教育希望特别注意的几种科学》

女子是要以一个人的资格，经营他自主的生活，各人都要预备一套看家本领来做职业的基础。

——同上，第四十四页

教育的目的，总要使受教育的人各尽其性，发挥各人最优长的本能，替社会做最有效率的事业。

——同上，第一辑第四十五页

倘若中小学里须没有好好的国史教育，国民性简直不能养成。

——同上，第一辑第四十六页

凡属于发挥整理力的学科，都可以为女子专业。

——同上，第一辑第五十页

教育家无论多大能力，总不能把某种学问教通了学生，只能令受教的学生当着某种学问的趣味，或者学生对于某种学问原有趣味，教育家把他加深加厚。

——同上，第一辑第一五一页，《趣味教育和教育趣味》

教育事业从积极方面说，全在唤起趣味；从消极方面说，要十分注意不可以摧残趣味。

——同上，第一辑第一五三页

教育的天职，只要养成遇事考虑的习惯，而且教人懂得考虑的方法。

——同上，第二辑第一〇三页，《教育与政治》

你想诲人不倦吗？只要学不厌自然会诲人不倦。

——同上，第二辑第一一八页，《教育家的自家田地》

只要你日日学，自然不厌；只要你日日诲人，自然不倦。

——同上，第二辑第一一八页

学生所得于讲师者，非在记忆其讲义以资一度之考试；乃在受取讲师之研究精神及研究方法。质言之，其获益最重要之点，则学者的人格之感化也。

——《饮冰室文集》，第六十八卷第二十页，

《自由讲座制之教育》

讲师之熏陶学生，除讲堂授课之外，更大有事也。则可以察其性之所近，因势而利导，而学生之自发的研究，乃可以日进也。则天才瑰特之士，不至为课程所局，可以奔轶绝尘尽其才矣。如此则教育不至为"机械化"，不至为"凡庸化"，社会上真面目之人才，或可以养成也。

——《饮冰室文集》，第六十八卷第二十页，

《自由讲座制之教育》

我们主张趣味教育的人，是要趁儿童或青年趣味正浓而方向未决定的时候，给他们一种可以终身受用的趣味。这种教育办得圆满，能够令全社会整个永久是有趣的。

——《饮冰室文集》，第六十八卷第三十二页，

《趣味教育和教育趣味》

就学而有所谓毕业，自今世机械的学校教育始。就学而有毕业，于是学校与社会生活，始分为两极，学校中业其所业，与社会渺不相属，及其去学校也，则又举向之所业，长揖而永谢之。呜呼！毕则毕矣，吾不知所业为何等，而业此者又何居也。

——同上，第七十卷第八页，

《师范大学第一次毕业同学录序》

今日非诸君子毕业之时，乃诸君子始业之时也，知其为始业，则终其身毋或与所学者长揖而谢，虽去其校犹未去也。人人永保持在校之精神于去校以后，则母校之生命荣誉，得分寄递衍以长留天地间，所以爱校者何以加此？

——同上，第八页

教育为国家所悬命，则知能教育者与被育者之联络关系，实全民族荣悴之所由决定。

——同上，第九页，《孟禄讲演集序》

今日立身教育界而确认识其自身之价值及责任者，究有几人？有此认识而心力、学力俱足以副之者，更有几人？言念及此，不寒而栗。

——同上，第九页

学生受国史教育完了之后，于先民之作业全不能得明确的印象，则对于祖国不能发生深厚的情爱。

——同上，第十页，《中国国史教本改造案并目录》

学生做课外学问是最必要的。若只求讲堂上功课及格，便算完事，那么，你进学校，只是求文凭，并不是求学问。你的人格，先已不可问了。再者，此类人一定没有"自发"的能力，不特不能成为一个学者，亦断不能成为社会上治事领袖人才。

——同上，第三十四页，《国学入门书要目及其读法》

人生一世的习惯，出了学校的门限，已经铸成了。所以，在学校中不读课外书，以养成自己自动的读书习惯，这个人简直是自己剥夺自己终身的幸福。

——同上，第三十五页

平民教育应该怎样教育法呢？我想不外两种：（1）从私的方面说，要教育他们学做现代的人。（2）从公的生活方面说，要教育他们学做共和国的国民。

——《外交欤内政欤》

普通学校目的，在养成健全之人格，与其生存发展社会之能力，此为全教育系统之精神；大学校之目的，固亦不外乎是。然大学校之所以异于普通学校，而为全国最高之学府者，则因于普通目的以外，尚有特别之目的在，固不仅其程度有等差而已。特别之目的维何？曰研究高深之学理，发挥本国之文明，以贡献于世界之文明是焉。

——《莅北京大学校欢迎会演说辞》

施普通教育之学校，其所授之智识，为人类生活上、社会上日用所必具之智识，所训练之能力，为人类生活上、社会上日用所必具之能力，如是而已。而大学校之所授者，则不仅人类生活上、社会上日用寻常所必具之智识、能力，而为一切现象之法则，所谓科学者是也。此不独大学校与普通学校之分在是，而大学校与专门学校之别亦全在此。

——《莅北京大学校欢迎会演说辞》

专门学校之目的，在养成社会上技术之士；而大学校之目的，则在养成学问之士，故专门学校之所授，虽多科学之原理，而所重者在术，不过因学以致用。大学校之所授，虽亦有技术之智识，而所重者在术，不过因术以明学。我国往往学术连用，漫无区别；殊不知两者迥不相同，固不能连而为一者也。

——《莅北京大学校欢迎会演讲辞》

专门学校之精神，在实际之应用；而大学校之精神，则在研究与发明。故凡人类间具有统系之智识，大学校莫不引为学科，固不问其按切实用与否也。

——《莅北京大学校欢迎会演说辞》

夫大学校之目的，既在研究高深之学理；大学校之学课，又复网罗人类一切之系统智识。则大学校不仅为一国高等教育之总机关，实一国学问生命之所在，而可视之为一学问之国家者也。

——《莅北京大学校欢迎会演说辞》

学问为文明之母，幸福之源；一国之大学，即为一国文明幸福之根源。其地位之尊严，责任之重大，岂抑我人言语所能尽欤？

——《莅北京大学校欢迎会演说辞》

学生以德之未修，学之未成，始入学校求学；则在学校之中，自当服从校长、教师之训导，不然又安名为学生？学生中有言自由者，实不学之误也。

——《莅北京大学校欢迎会演说辞》

一国之中一切皆可言自由，唯军队与学生，乃不能言自由。军队言自由，则不仅全军瓦解，不能成军；且足以扰乱秩序，其危险莫可名状。学生言自由，亦不仅学业无成，教育无效；其影响于社会、国家，所关殊非浅鲜。

——《莅北京大学校欢迎会演说辞》

专制国之学生，不必养成其服从之德；而共和国之学生，设不于其受教育之日，训练其能守服从之德，则国基殆危，害莫胜言矣。

——《莅北京大学校欢迎会演说辞》

人固贵有发扬蹈厉之精神，而后始能在社会任事；惟发扬蹈厉之精神，当用之于做事之时，不能用之于求学之时。学生在求学时代，当善养其发扬蹈厉之精神，则他日学成以后，庶能发挥此精神于事业。

——《莅北京大学校欢迎会演说辞》

学生若不于求学之时，养成冷静之头脑，则于学问之业，日相去而日远矣。静穆之风，可不贵哉！简言之：静穆之风，一则以养成冷静之头脑，一则以养发皇之精神。在学校之日，以之修业而进德，卒业之后，则赖之以任事而成功。此为学生至可宝之学风。

——《莅北京大学校欢迎会演说辞》

夫教育之效果，则社会之抽象的教育最重，而学校之具体的教育次之。社会教育，则内务部与教育部会同设施者多；而学校教育，则教育部之专责也。夫欲改良一国之社会教育，则不外因固有遗传之国民性，而增美释回焉耳。

——《政府大政方针宣言书》

国民教育以培养师范为先，人才教育以注重实业为主。今日大患，在国中才智之士，罕肯从事教育，故师范愈隳，而学基愈坏。故城镇乡之自治业，其什之九八宜集中于教育；而尤以养成单级教授之师范，为下手第一着，其高等教育，现在惟授法政之校，各地林立；致国民心理，认求学与得官为一事。岂惟学绩有偏畸之患，仕途之冗滥，吏治之颓废，恒必由兹。故一面严行监理诸私立大学，一面奖励工商诸学，实当务之急也。至于学风之严格整顿，教科书之评慎审定，又政府所责无旁贷者也。

——《政府大政方针宣言书》

教育之职务，原在导发人之本能，而使之自立自达；即采极端保育政策之国，亦岂能时时取国人而一一强授之以道德学问，如以唧筒灌水于瓶盂者。况我国数千年来，本以在宥为治，而今之官僚政治殊未整肃，绝不能收保育政策之实效。故今日中国，凡百事业，与其望诸国家，不如望诸社会；与其望诸社会，又不如望诸个人，不独教育为然矣！

——《孔子教义实际裨益于今日国民者
何在欲昌明之其道何由》

中国今日，举国中未有能知教育者，此无足为讳也。必不得已，惟有虚心访问，勿自尊大，而常以爱学生为目的；则虽不能完备，而可望有渐趋完备之一日。若欲仇民权、自由之论，运手段以压制之，吾敢信其虽总辨易十人，而学生之不能安如故也。学生不知此义则已耳，苟其知之，则无复有能压制者。今日办学校者，果有何术能使此等公理不入于学生之脑？既不能彼，而欲禁此，此百举百败之道也。

——《答某君问办理南洋公学善后事宜》

吾中国今日所大患者二：一曰无活泼进取之力，二曰无自治纪律之理。办学校者，所以养成国民也，当针对此两大缺点而药治之：于精神上鼓舞其自由，于规则上养惯其秩序。今中国少年言自由者纷纷，其实非能知真自由也；不知真自由，而竞好伪自由，则自由之毒，不可胜言。

——《答某君问办理南洋公学善后事宜》

破坏思想既起，其极也，必取不可破坏者而亦破坏之，燎原之势，谁能扑耶？故精神上有所变革，而欲求规则之能实行，必不可得也。苟精神既健全矣，则于其形式上之规则，又不可以不极严；不然，不足以养成有团结力之国民也。苟能尔尔，则吾敢信学生必无有骚动之事。学生之识力，随教育之轨道而进者也；惟教者不循轨道，斯受教者亦轶出轨道之外矣。

——《答某君问办理南洋公学善后事宜》

中国自数年以来，学校之议蜂起，或官立或私立，各省所在多有。虽然，吾不知其所以设校之意：将以智之乎？抑以愚之乎？将欲养之，使为国家御侮之用乎？抑将为此优优衿缨，谋他日衣食富贵之路乎？彼设校者岂不曰：吾将智之，使为国家御侮之用也。虽然，吾见彼入学者，自益以愚；而叩其来学之心，有不为他日一身之衣食富贵而来者，殆万中不得其一也。以此言之，学堂其有愈于书院乎？西学其有愈于八股乎？吾乌从而言！

——《自由书·精神教育者自由教育也》

凡一统专制之国，值承平无事之时，但求辑和其民，使无反侧，而政府之能事毕矣！若是者，以服从为教可也！若夫处于万马奔逸，万流激端，斗智斗力之世界，立于千钧一发，孤注一掷，累卵岌岌之地位。非浚一国之智，鼓一国之力，则奄奄残喘，岂复有救。夫所以浚之、鼓之之具何也？自由是也！

自由者，精神发生之原力也。呜呼！日本之国家教育，尚未克语于此，吾于中国更何责焉？

——《自由书·精神教育者自由教育也》

文明人何以有宗旨？宗旨生于希望，希望生于将来；必其人先自忖自语曰："吾将来欲如是如是。"此宗旨之所由起也。曰："吾将来必如何，然后可以如是如是。"此宗旨所由立也。愈文明则将来之希望愈盛。教育制度所以必起于文明之国，而野蛮半开者无之，何欤？教育者，其收效纯在于将来，而现在必不可得见者也。然则他事无宗旨，犹可以苟且迁就；教育无宗旨，则寸毫不能有成。何也？宗旨者，为将来之核者也，今日不播其核，而欲他日之有根、有芽、有茎、有干、有叶、有果，必不可期之数也。

——《论教育当定宗旨》

一国之教育，与一人之教育，其理相同。父兄之教子弟也，将来欲使之为士，欲使之为农、为工、为商，必定其所向焉，然后授之；未有欲为箕者而使之学冶，欲为矢者而使之学函也。惟国亦然，一国之有公教育也，所以养成一种特色之国民，使之结为团体，以自立竞存于优胜劣败之场也；然欲达此目的，决非可以东涂西抹，今日学一种语言，明日设一门学科；苟且敷衍，乱杂无章，而遂可以收其功也。故有志于教育之业者，先不可不认清"教育"二字之界说，知其为制造国民之具；次不可不具经世之炯眼，抱如伤之热肠，洞察五洲各国之趋势，熟考我国民族之特性，然后以全力鼓铸之。由前之说，则教育宗旨所由起也；由后之说，则教育宗旨所由立也。

——《论教育当定宗旨》

凡一国之能立于天地，必有其固有之特性，感之于地理，受之于历史，胎之于思想，播之于风俗。此等特性，有良者焉，有否者焉：良者务保存之，不徒保存之而已，而必采他人之可以补助我者，吸为己有而增殖之。否者务刮去之，不徒刮去之而已，而必求他人之可以匡救我者，勇猛自克而代易之。以故今日各国之教育宗旨，无或有学人者，亦无或有不学人者。不学人然后国乃立，学人然后国乃强。要之，使其民备有人格享有人权，能自动而非木偶，能自主而非傀儡，能自治而非土蛮，能自立而非附庸。为本国之民，而非他国之民，为现今之民，而非陈古之民；为世界之民，而非陬谷之民。此则普天下文明国家教育宗旨之所同，而吾国亦无以易之者也。

——《论教育当定宗旨》

六
、
教
育

七、宗　教

倘若有人利用一种信仰的招牌来达他种目的，我们不能承仰这个人有信仰。

——《学术演讲集》，第一辑第七十页，《评非宗教同盟》

我所谓宗教，是要把一类"非信仰的"淘汰了，赤裸裸的来研究信仰的本质。

——同上，第一辑第七十页

宗教这样东西，完全是情感的。情感这样东西，含有秘密性，想要用理性来解剖他是不可能的。

——同上，第一辑第七十一页

只有情感能变易情感，理性绝对不能变情感。

——同上，第一辑第七十一页

我在我所下的宗教定义之下，认宗教是神圣，认宗教为人类社会有益且必要的事物；所以我自己彻头彻尾承认自己是个非非宗教者。

——同上，第一辑第七十六页

信仰是神圣，信仰在一个人为一个人的元气，在一个社会为一个社会的元气。

——第一辑第八十页

墨子的宗教思想，有一个附属主义，曰"非命"。这个主义，直捣儒道两家的中坚，于社会最为有益。"命"是儒家根本主义之一，儒说之可疑处，莫过此点。我国几千年的社会，实在被这种"命定主义"阻却无限进化。

——《墨子学案》，第五十三页

一个人对于所信仰的宗教，对于所崇拜的人或主义，那种狂热情绪，旁观人看来，多半是不可解，而且不可以理喻的。然而一部人类活历史，却什有九从这种神秘中创造出来。

——《饮冰室文集》，第六十八卷第五页，
《人生观与科学》

宗教是从情的、意的两方面，给人类一个"超世界"的信仰，那现世的道德，自然也跟着得个标准。

——《饮冰室文集》，第七十二卷第九页，
《欧游心影录节录》

无论若何高邃之宗教，要之，皆人类社会之产物也。既为社会产物，故一方面能影响社会，一方面又恒能受社会之影响，此事理之无可逃避者。

——同上，第六十卷第一页，《印度史迹与佛教之关系》

佛教二千年来，循进化之公例，常为不断的发展。其最显著之迹，则由小乘而进为大乘也。

——同上，第六十二卷第一页，《读异部宗轮论述记》

夫宗教必须有顺应环境性乃能生存，佛教既普于种种异言异俗之民族，则其所诠译、所理解自不能悉仍其旧，当然各带地方的色彩。

——同上，第六页

宗教之责任，在培养国民道德。

——《答礼茶话会演说辞》

凡笼一国人心之枢者，必在其宗教。宗教精神所表示，恒托于其崇奉之神。世界各国宗教，无论为多神教，为一神教，为无神教，要之其崇奉之动机，起于为自身求福利者什八九。

——《中国道德之大原》

西人动诮我以多神，谓在教界未为进化；殊不知我之教义，以报恩之一大原则为之主宰，恩我者多，而报不容以不遍，此祀事所由日滋也。既本此原则以立教义，故以此教义衍成礼俗，制成法律，于以构造社会而维持之、发达之。其所以能联属全国人，使之若连环相缀而不可解者，此其最强有力之主因也。

——《中国道德之大原》

今日世界众生，根器薄弱，未能有一切成佛之资格，未能达群龙无首之地位，故必赖有一物焉从而统一之；然后不至随意竞争，轶出范围之外，散漫而无所团结。统一之具不一，而宗教其最要者也。故人人自由之中，而有一无形之物位于其上者，使其精神结集于一团。其遇有不可降之客气也，则此物足以降之；其遇有不可制之私欲也，则此物可以制之；其遇有不可平之党争也，则此物可以平之。若此者，莫善于宗教。宗教精神一军队精神也，故在愈野蛮之国，则其所以统一民志者，愈不得不惟宗教是赖。使今日世界而已达文明之极点也，则人人有自治力，诚无待于宗教；而无如今犹非其时也，故曰无宗教思想，则无统一。

——《论宗教家与哲学家之长短得失》

梁任公语粹

希望者，人道之粮也。人莫不有二境界，一曰现在界，一曰未来界。现在界属于实事，未来界属于希望。人必常有一希望焉，悬诸心目中，然后能发动其勇气，而驱策之以任一切之事。虽然，有一物焉，常与希望相缘，而最为希望之蠹者，曰"失望"。当希望时，其气盛数倍者，至失望时，其气沮亦数倍；故有形之希望，希望中之颇危险者也。若宗教则无形之希望也！此七尺之躯壳，此数十寒暑之生涯，至区区眇小不足道也。吾有灵魂焉，吾之大事业在彼不在此，故苦我者一时，而乐我者永劫；苦我者幻体，而乐我者法身。得此希望，则有安身立命之地，无论受何挫折，遇何烦恼，皆不至消沮，而其进益厉。苟不尔者，则一失意而颓然丧矣！故曰：无宗教思想，则无希望。

——《论宗教家与哲学家之长短得矣》

人之所以不能成大事业者，大率由为外境界之所束缚也。声焉，色焉，货焉，利焉，妻孥焉，名誉焉，在在皆可沾恋。一有沾恋，则每遇一事也，虽认为责任之所不容诿，而于彼乎于此乎一一计度之，而曰如此且不利于吾名誉，则任事之心减三四焉矣；而曰如此且不利于吾身家，则任家之心减六七焉矣；而曰如此且不利于吾性命，则任事之心减八九焉矣。此所以知非艰而行惟艰！宗教者，导人以解脱者也。此器世间者，业障之所成耳；此顽躯壳者，四大之所合耳！身且非我有，而身外之种种幻象，更何留恋焉？得此法门，则自在游行，无罣无碍，舍身救世，直行无所事矣？而不然者，虽日日强节之，而临事犹不能收其效也，故曰：无宗教思想则无解脱。

——《论宗教家与哲学家之长短得失》

甚矣，人性之薄弱也！孔子曰："知及之，仁不能守之。"

若是者比比然矣。故佛之说教也，曰大雄，曰大无畏，曰奋迅勇猛，曰威力：括此数义，而取象于师子。夫人之所以有畏者，何也？畏莫大于生死，有宗教思想者，则知无所谓生，无所谓死。死者，死吾体魄中之铁，若余金类木类炭小粉糖盐水，若余杂质气质而已；而吾自有不死者存，曰灵魂。既常有不死者存，则死吾奚畏？死且不威❶，余更何有？故真有得于大宗教、良宗教之思想者，未有不震动奋励，而雄强刚猛者也。

——《论宗教家与哲学家之长短得失》

宗教贵信，信有正信，有迷信。勿论其正也，迷也，苟既信矣，则必至诚；至诚则能任重，能致远，能感人，能动物。故寻常人所以能为一乡一邑之善士也，常赖宗教；大人物所以能为惊天动地之事业者，亦常赖宗教。抑人之至诚，非必待宗教而始有也，然往往待宗教而始动，且得宗教思想而益增其力，宗教其顾可蔑乎？

——《论宗教家与哲学家之长短得失》

宗教家言，所以立身也，所以治事也，而非所以讲学。何以故？宗教与迷信常相为缘故，一有迷信，则真理必掩于半面；迷信相续，则人智遂不可得进，世运遂不可得进。故言学术者，不得不与迷信为敌；敌迷信则不得不并其所缘之宗教而敌之。故一国之中，不可无信仰宗教之人，亦不可无摧坏宗教之人；生计学公例，功愈分而治愈进焉，不必以操术之殊而相非也。

——《论宗教家与哲学家之长短得失》

宗教家言，皆应于众生根器而说法也。故时时不同，地地不同，一时一地，亦复人人不同。吾闻某教之言而生感者，即吾应以某教而得度也。故今日文明国最重信教自由，吾乌敢而

❶ "威"，当为"畏"。——编者注

限之。且吾今之言，言宗教也，非言宗教学也；若言宗教学，则固有优劣高下之可言。今以之立身，以之治事，则不视其教之优劣高下如何，而视其至诚所感所寄之程度如何。虽劣下如袁了凡之宗教，有时亦能产人物，他无论也。若夫以宗教学言，则横尽虚空，竖尽来劫，取一切众生而度尽之者，佛其至矣！佛其至矣！

——《论宗教家与哲学家之长短得失》

凡迷信宗教者必至诚，而至诚不必尽出于迷信宗教。至诚之发，有诚于善者，亦有诚于恶者；但使既诚矣，则无论于善于恶，而其力量常过于寻常人数倍。至诚与发狂二者之界线，相去一秒黍耳；故其举动之奇警也，猛烈也，坚忍也，锐入也，常有为他人之所不能喻者，以为彼何苦如是。其至诚之恶焉者，如至诚于色而为情死。至诚于货而攫市金；其善焉者，如至诚于孝而割股，至诚于忠而漆身，至诚于国，至诚于道而流血成仁：若此者皆不诚之人所百思不得其解者也。故天地间有一无二之人物，天地间可一不可再之事业，罔不出于至诚；知此义者，可以论宗教矣。

——《论宗教家与哲学家之长短得失》

教与国不同：国者积民而成，舍民之外更无国，故国必恃人力以保之；教则不然，教也者，保人而非保于人者也。以优胜劣败之公例推之，使其教而良也，其必能战胜外道。愈磨而愈莹，愈压而愈伸，愈束而愈远；其中自有所谓一种烟士披里纯（Inspiration）者，以嘘吸人之脑识，使之不得不从我，岂其俟人保之？

——《保教非所以尊孔论》

夫信教自由之理，一以使国民品性趋于高尚，一以使国家团体归于统一，而其尤要者，在画定政治与宗教之权限，使不相侵越也。政治属世间法，宗教属出世法。教会不能以其权侵政府，固无论矣；而政府亦不能滥用其权，以干预国民之心魂也。故此法行而治化大进焉。吾中国历史有独优于他国者一事，即数千年无争教之祸是也。

——《保教非所以尊孔论》

吾祖国前途有一大问题曰："中国群治当以无信仰而获进乎？抑当以有信仰而获进乎？"是也，信仰必根于宗教；宗教非文明之极则也。虽然，今日之世界，其去完全文明尚数十级，于是乎宗教遂为天地间不可少之一物。人亦有言："教育可以代宗教"，此语也，吾未敢遽谓然也。即其果然，其在彼教育普及之国，人人皆渐渍熏染，以习惯而成第二之天性，其德力智力，日趋于平等；如是，则虽或缺信仰而犹不为害。今我中国犹非其时也，于是乎信仰问题终不可以不讲。

——《论佛教与群治之关系》

吾国有特异于他国者一事，曰：无宗教是也。浅识者或以是为国之耻，而不知是荣也，非辱也。宗教者，于人群幼稚时代虽颇有效，及其既长成之后，则害多而利少焉。何也？以其阻学术思想之自由也。吾国民食先哲之福，不以宗教之臭味，混浊我脑性，故学术思想之发达，常优胜焉！

——《论中国学术思想变迁之大势》

中国无宗教无迷信，此就其学术发达以后之大体言之也。中国非无宗教思想，但其思想之起特早，且常倚于切实。故迷信之力不甚强，而受益受敝皆少。中国古代思想，敬天畏天，其第一着也。

——《论中国学术思想变迁之大势》

宗教者，天然性之反对者也，补助者也。常有宗教以与人类天然之恶质相抗，然后能促人群之结合，以使之宗教。故宗教家言，未有不牺牲个人现在之利益，以谋社会全体未来之利益者，宗教之可贵，在是而已。

——《进化论革命者颉德之学说》

宗教家之论动言天国，言大同，言一切众生，所谓博爱主义、世界主义，抑岂不至德而深仁也哉！虽然，此等主义，其脱离理想界而入于现实界也，果可期乎？此其事或待之万数千年后，吾不敢知，若今日将安取之！

——《新民说》

八、艺 术

美术所以能产了科学，全从"真美合一"的观念发生出来，他们觉得真切是美，又觉得真才是美，所以求美先从真入手。

——同上，第一辑第五十三页，《美术与科学》

观察的条件，是要对于所观察的对象有十二分的兴味，用全副精神注在他上头。

——同上，第一辑第五十七页

观察要取纯客观态度，不许有丝毫主观僻见掺在里头，若有一点，所观察的便会走了样子。

——同上，第一辑第五十七页

真正的艺术作品，最要紧的是描写出事物的特性；然而特性各各不同，非经一番分析的观察功夫不可。

——同上，第一辑第五十八页

从寻常人不会注意的地方，找出各人情感的特色。

——同上，第一辑第五十八页

美术家的观察，不但以周遍精密为能事，最重要的是深刻。

——同上，第一辑第五十九页

美术家雕画一种事物，总要在未动工以前，先把那件事物的整个实在体完全摄取，一攫攫住他的生命，霎时间和我的生命合并为一。

——同上，第一辑第五十九页

美术的任务，自然是在表情；但表情技能的应用，须有规律的组织，令各部分互相照应。

——同上，第一辑第五十九页

美术家所以成功，全在观察"自然之美"；怎样才能看得出自然之美，最要紧是观察"自然之真"。

——同上，第一辑第六十二页

能观察自然之真，不惟美术出来，连科学也出来了。所以美术可以算得科学的全锁匙。

要替美术界开辟出一条可以人人共由之路，而且令美术和别的学问可以相沟通浚发。

——同上，第一辑第六十二页

美术中最主要的一派，是描写自然之美，常常把我们所曾经赏会或像是曾经赏会的都复现出来。

——《学术演讲集》，第三辑第六页，《美术与生活》

前清一代学风，与欧洲文艺复兴时代相类甚多；其最相异之一点，则美术、文学不发达也。

——《清代学术概论》，第一六九页

我国文明，发源于北部大平原；平原雄伟旷荡而少变化，不宜于发育美术；所谓复古者，使古代平原文明之精神复活，其美术的要素极贫乏，则亦宜也。

——同上，第一七一页

我国文学、美术，根柢极深厚，气象皆雄伟；特以其为"平原文明"所产育，故变化较少。

——同上，第一八页❶

今后西洋之文学、美术，行将尽量输入；我国民于最近之将来，必有多数之天才家出焉；采纳之而傅益以己之遗产，创成新派。与其他之学术相联络呼应，为趣味极丰富之民众的文化运动。

——同上，第一八〇页

情感教育最大的利器，就是艺术：音乐、美术、文学这三件法宝，把"情感秘密"的钥匙都掌住了。艺术的权威，是把那霎时间便过去的情感，捉住他令他随时可以再现；是把艺术家自己"个性"的情感，打进别人们的"情阈"里头，在若干期间内占领了"他心"的位置。

——《饮冰室文集》，第七十一卷第二页，
《中国韵文里头所表演的情感》

艺术家认清楚自己的地位，就诀知道：最要紧的工夫，是要修养自己的情感，极力往高洁纯挚的方面，向上提絜，向里体验，自己腔子里那一团优美的情感养足了，再用美妙的技术把他表演出来，这才不辱没了艺术的价值。

——《中国韵文里头所表演的感情❷》

---

❶ 疑为"第一八〇页"。——编者注
❷ 此处"感情"，当为"情感"。——编者注

梁任公语粹